Los más bellos poemas de amor y desamor

Selección y Prólogo
Juan Manuel Roca

EDITORIAL OVEJA NEGRA

1ª edición, diciembre de 1991
2ª edición, junio de 1993
3ª edición, diciembre de 1996
4ª edición, septiembre de 2000
5ª edición, abril de 2002

© Editorial Oveja Negra, 2000
Cra. 14 No. 79-17 Bogotá, Colombia

Preparación editorial: Grupo Editorial 87 Ltda.

Fotomecánica: Ediciones Grupo C

ISBN: 958-060094-5

Impreso por Panamericana Formas e Impresos S.A.

Impreso en Colombia   -   Printed in Colombia

CONTENIDO

5

7

9

DEL AMOR Y EL DESAMOR

Hacer una muestra de poesía en torno al amor y al desamor, presenta un riesgo permanente, el siempre espinoso territorio de las clasificaciones. Porque todo poema de desamor es proporcional al amor que desaloja, y quizá en ellos se palpe una suerte de catarsis, de exorcismo para neutralizar el recuerdo. Aun si se trata de un magnífico y virulento poema como *El tango del viudo* de Neruda, por las fisuras de la ausencia que son como las heridas del amor, se percibe una pasión amorosa.

Ese tema, el de la ausencia, es una de las constantes en la lírica del amor, sea como dolor o como festejo. Quizá es en los llamados poemas de desamor en donde se percibe —como en la fusión de Eros con la muerte, que conlleva un cierto dolor-placer— una más desgarrada relación con el otro.

Estar enamorado, dice Borges, es crearse una religión cuyo dios es falible.

Falible porque quizás hay un amor de ida, que no obstante carece de regreso: el de aquel que ama sin lograr la fundación del hecho recíproco, al cual se referían algunos viejos anarquistas como al "gusano enamorado de una estrella". Ese pequeño bicho, el gusano del desamor ronda buena parte de la creación poética, desde los griegos que

11

fundaron la lírica occidental hasta nuestros azarosos días que tienen tanto de desencanto, de temor al asunto amatorio. En ello hay algo de miedo a la transgresión, porque ¿cuál hecho no ha sido transgredido por fuerzas del amor? Cuando un joven levantisco llamado Jean Arthur Rimbaud proclamaba que había que reinventarse el amor, quizás se refería al manoseo de esta palabra para lavar supuestamente el escarnio, la miseria humana. Y es que la palabra amor, por sí sola tiene un sentido paliativo, pero con todas las pinturas, los maquillajes y afeites untados sobre ella, se ha ido llenando de un grueso cascarón que no permite verla en su plenitud que quiere decir festejo, liberación, fundación de un nuevo mundo. Ya alguien, un viejo surrealista (André Breton) ha hablado del "amor loco" como única religión para la salvación posible. El amor, que no es otra cosa que la reconciliación del hombre consigo mismo. Porque como el hombre se ha escindido, se ha divorciado de sí propio, es a él a quien corresponde volver, primero, a merodear los senderos de amor, y después, a entrar de lleno en su centro. Centro que es vértigo, que es camino y caminante, "entusiasmo y quietud", como lo expresaron los románticos en la alta edad de los sueños.

De todo esto da cuenta este libro, este muestreo del amor y el desamor. La educación sentimental del hombre latinoamericano, su cercanía a una poesía popular que casi siempre le ha llegado más por vías del bolero, de la música que del verso en sí mismo, nos ha hecho confundir muchas veces poesía y sentimiento. Generalmente los excesos sentimentales acaban con el poema amoroso, lo vuelven, como decía Pessoa acerca de todas las cartas de amor, ridículo. Porque el lector de estos poemas a veces es un voyerista que se asoma entre el que escribe su poética de amor o desamor, y su amada o amado, como invitado a un festín desde la lejanía. Pero cuando ese poema se colectiviza y nos hace partícipes de un estado de amor o desamor, el hecho estético se produce, y ahí sí creemos en la sentencia de Rilke cuando nos dice que "el amor es la unión de dos soledades que se respetan".

Hay acá poemas para enamorar o para desenamorar, poemas románticos, poemas sentimentales si se quiere (y hay que recordar que sentimentales son desde Gustavo Adolfo Bécquer hasta King Kong), dirigidos por hombres y mujeres de muchos rincones del mundo, de diversas épocas y geografías. Lo cual recava en la idea de la universalidad del tema del amor.

No es el amor debilidad sino fortaleza. Al rebasar el amor propio, el del ego, y hacerse habitante de otro cuerpo amado, se deponen armas: es como ponerse por traje la desnudez. Porque el amor funda el mito, y el mito el poema (se oye el rumor de Tristán y de Isolda), porque "amar es estar seguro de sí" según Breton, una muestra como esta intenta volver a poner en el centro de un mundo desgarrado, las fuerzas creadoras de la poesía de amor, de la poesía del desamor.

Porque lejos del amor exaltado hasta la muerte (Von Kleist y Henriette Vogel buscando la soledad propicia para entrar unidos en el sueño) o del amor transgresor que ronda a *El amante de lady Chaterley*, o de Emma Bovary emancipada contra la domesticidad social de un Flaubert enamorado, al hombre de hoy se le ha querido hacer olvidar las fuerzas del amor.

Esta muestra tiene una otra libertad de lectura, quien abra y siga sus páginas, podrá alterar el orden de los poemas si llegara a creer que lo que parece un poema de desamor es un intenso poema amoroso, o viceversa. Porque en el calidoscopio amoroso cada cual tiene una lente de color diferente.

Y un *otromás*: en las múltiples lecturas que intenta este libro, hay una constante, un epicentro, el mayor soplo está dirigido a lo largo de todo su paginaje, a la mujer.

Invito al lector a que abra las puertas de este libro, a que entre a él como a una galería de espejos, y que luego de la divisa de Rimbaud de cómo hay que reinventar el amor, decida visitar con más frecuencia algunos de estos poemas, senderos que andan, señales de humo, signos personales o botellas de náufrago que parten del amor.

Juan Manuel Roca

I
POEMAS DE AMOR

l amor es la unión
de dos soledades
que se respetan"

Rainer María Rilke

PABLO NERUDA
(CHILE)

TUS MANOS

uando tus manos salen,
amor, hacia las mías,
¿qué me traen volando?
¿Por qué se detuvieron
en mi boca, de pronto,
por qué las reconozco
como si entonces, antes,
las hubiera tocado,
como si antes de ser
hubieran recorrido
mi frente, mi cintura?

Su suavidad venía
volando sobre el tiempo,
sobre el mar, sobre el humo,
sobre la primavera,
y cuando tú pusiste
tus manos en mi pecho,
reconocí esas alas de paloma dorada,
reconocí esa greda
y ese color de trigo.

Los años de mi vida
yo caminé buscándolas.

17

Subí las escaleras,
crucé·los arrecifes,
me llevaron los trenes,
las aguas me trajeron,
y en la piel de las uvas
me pareció tocarte.
La madera de pronto
me trajo tu contacto,
la almendra me anunciaba
tu suavidad secreta,
hasta que se cerraron
tus manos en mi pecho
y allí como dos alas
terminaron su viaje.

LUIS ROGELIO NOGUERAS
(CUBA)

TE QUIERO

Te quiero no por lo que dices
porque en general hablas poco
ni por tu belleza
porque en verdad te digo que no eres bella de esa
forma
ni por tu alegría contagiosa
porque siempre pareces triste
ni porque eres buena madre
porque no hemos tenido hijos
ni por tus poemas
que son más bien pobres imitaciones de los míos
que a su vez son pobres imitaciones de otros
poetas
que también imitaban a imitadores.

Te quiero porque eres limpia
y decente
y porque tus dientes son blancos.

19

TODAVIA

 antaba una mujer, cantaba
sola creyéndose en la noche,
en la noche, felposo valle.

Cantaba y cuanto es dulce
la voz de una mujer, esa lo era.
Fluía de su labio
amorosa la vida...
la vida cuando ha sido bella.

Cantaba una mujer
como en un hondo bosque, y sin mirarla
yo la sabía tan dulce, tan hermosa.
Cantaba, todavía
canta...

SALOMON DE LA SELVA
(NICARAGUA)

CARTA

abes lo que quisiera,
de lo que tengo ganas?
No es de volver a ver los teatros llenos de
gente,—
tanta gente, alegre, dispuesta a divertirse,
sin miedo en la mirada:
gente que acaba de hacerse la toilette
y de echarse la vida de los hombros
como quien se quita una camisa sudada;
ni es de ir a restaurantes
a comer con buen servicio
y a ver comer a los demás
con música, con apetito, con sosiego,
masticando civilizadamente
y contándose cuentos;
ni es de ver las procesiones de mi tierra,
las alfombras de flores en la calle,
y las inditas bañadas, tan divinas,
con sus brazos desnudos
y sus maravillosas nucas;
ni es de muchas otras cosas.

De lo que tengo ganas
es de tener novia, ¡novia!
De que haya quien me quiera más que a Dios.
Y de jugar con sus piececitos,
con los dedos menudos de sus pies,
como se juega con los niños:

> *"Este tuquito se fue al campo,*
> *y éste se fue al mercado,*
> *y éste se quedó en casa...!"*

Tal antojo pueril que no te inquiete.
¡Fíjate: me da fuerzas para creer
que hoy no hay bala que me toque!

TUS OJOS

Por ciudades y árboles, encima de la niebla,
entre las letras apretadas de los periódicos,
a través de gentes extrañas, semáforos y
artículos de consumo,
llevo tus ojos como dos manchas aguadas
de tinta,
como dos irremediables quemaduras de cigarro en mi
camisa.

JORGE CARRERA ANDRADE
(ECUADOR)

TU AMOR ES COMO LA PIEL DE LAS MANZANAS

Tu amor es como el roce tímido
de la mejilla de un niño,

como la piel de las manzanas
o la cesta de nueces de la pascua,

como los pasos graves
en la alcoba donde ha muerto la madre,

como una casa en el bosque
o más bien como un llanto vigilante en la noche.

OSWALD DE ANDRADE
(BRASIL)

SECRETARIO DE LOS AMANTES

I

He acabado de cenar una cena excelente
116 francos
Cuarto 120 francos con agua corriente
Chauffage central
Ya ves que estoy bien de finanzas
Besos y coces de amor.

II

Mi animalón querido
Estoy sufriendo
Sabía que iba a sufrir
        Qué tristeza este apartamento de hotel.

III

Granada es triste sin ti
Pese al sol de oro
Y a las rosas rojas.

AQUI, LA VISITANTE

Es una tenue voz casi un color desvanecido
ha entrado por el muro por donde llegan los
fantasmas
sé perfectamente lo que me dice pero no quiero
contarlo en el poema
es como un dibujo lila por efecto de la distancia
todas las noches está ahí en el mismo sitio
y aunque no lo quiera traza el diseño de cuerpo

entero

el alto y precioso diseño de quien la envía
será esa la voz que dice yo la oigo la oigo
soy Liliola vengo a golpear a tu puerta
porque es una puerta el pecho
y él se abre en mí de par en par en la infinita

noche.

JOSE PAULO MOREIRA DE FONSECA
(BRASIL)

LUZ Y TINIEBLAS

s de noche, estamos entre las sombras
y el ardor de la lámpara,
dos granos de arena en el inmenso mundo; la
ventana nos muestra
a Sirius, Orión, Libra.
Poco me importan,
es a ti a quien contemplo, tu luz me aclara
el alma envuelta en oscuro manto.

Déjame ver tus ojos,
que la de aquellos fríos y nocturnos fuegos
en ellos encontraré la distancia aún más lejana.
Ven a mis brazos,
he de sentir todo el latir de la primavera
como quien tocase una flor.

PROFUNDIDAD DEL AMOR

as cartas de amor que escribí en mi infancia
eran memorias de un futuro paraíso perdido.
El rumbo incierto de mi esperanza estaba
signado en las colinas musicales de mi país
natal. Lo que yo persegía era la coraza frágil,
el lebrel efímero, la belleza de la piedra que se convierte
en ángel.

Ya no desfallezco ante el mar ahogado de los besos.
Al encuentro de las ciudades:
Por guía los tobillos de una imaginada arquitectura
Por alimento la furia del hijo pródigo
Por antepasados, los parques que sueñan en la nieve,
los árboles que incitan a la más grande melancolía, las
puertas de oxígeno que estremecen la bruma cálida del
sur, la mujer fatal cuya espalda se inclina dulcemente en
las riberas sombrías.

Yo amo la perla mágica que se esconde en los ojos de
los silenciosos, el puñal amargo de los taciturnos.

Mi corazón se hizo barca de la noche y custodia de
los oprimidos.

Mi frente es la arcilla trágica, el cirio mortal de los caídos, la campana de las tardes de otoño, el velamen dirigido hacia el puerto menos venturoso o al más desposeído por las ráfagas de la tormenta.

Yo me veo cara al sol, frente a las bahías mediterráneas, voz que fluye de un césped de pájaros.

Mis cartas de amor no eran cartas de amor sino vísceras de soledad.

Mis cartas de amor fueron secuestradas por los balcones ultramarinos que atraviesan los espejos de la infancia.

Mis cartas de amor son ofrendas de un paraíso de cortesanas.

¿Qué pasará más tarde, por no decir mañana? murmura el viejo decrépito. Quizás la muerte silbe, ante sus ojos encantados, la más bella balada de amor.

JAIME JARAMILLO ESCOBAR
(COLOMBIA)

APOLOGO DEL PARAISO

va, transformada en serpiente, ofreció a Adán
una manzana.
Fueron arrojados del Paraíso, pero ellos
llevaron
semillas consigo,
y Adán y Eva encontraron otra tierra y plantaron allí las
semillas de paraíso.

Podemos hacer siempre el paraíso alrededor de nosotros
dondequiera que nos encontremos.

Para eso sólo se requiere estar desnudos.

CANCION CALIDA

La dorada tiniebla de tu piel visible al tacto
arde como las danzas vegetales
en la ondulante hoguera lenta
de los tambores.

La dorada tiniebla de tu piel
paralela al metálico viento de la música
recoge y mueve la desnuda noche flexible
de los palmares.

La dorada tiniebla de tu piel
visible al tacto,
paralela al metálico viento de la música...

VICTOR RODRIGUEZ NUÑEZ
(CUBA)

HIPOTESIS

ensaba Ptolomeo
que el mundo era como el ojo de ciertas
mujeres:
una esfera de húmedos cristales
en que cada astro describe una órbita perfecta
sin pasiones
                    mareas
                            o catástrofes.

Luego vino Copérnico
sabio que cambió senos por palomas
cosenos por espantos
y la pupila del sol fue el centro del universo
mientras Giordano Bruno crepitaba
para felicidad de curas
                            y maridos.

Entonces Galileo
estudiando a fondo el corazón de las muchachas
naufragó en el buen vino
—luz aglutinada por el sol—
violó estrellas que no eran de cine
y antes de morir sobre la cola de un cometa
sentenció que el amor era infinito.

Kant
    por su parte
               no supo nada de mujeres
preso en la mariposa de los cálculos
en pólen metafísico
y a Hegel
        tan abstracto
le resultó el asunto demasiado absoluto.

Por mi parte propongo al siglo XX
una hipótesis simple
que los críticos llamarán romántica:
    Oh muchacha que lees este poema
    el mundo gira alrededor de ti.

EPIGRAMA

Somos la pareja menos infinita y menos adánica
que podría encontrarse en estos últimos 30
años de Historia.
Desde el punto de vista muscular
apenas hemos hecho poco más que dos perros.
Desde el ángulo cultural
hemos despertado bien pocas envidias.

Pero este amor nos ha devuelto mejorados al mundo
y, entre nosotros, inolvidables.

Ahora vamos a hacer que alguien sonría
o paladee un pedacito de dulce tristeza
hablando de nuestro amor en este poema.

ROGELIO ECHAVARRIA
(COLOMBIA)

LLEGUE TU CARTA

llegue tu carta, mano larga, pulso sellado,
llegue pronto
a darme libertad con la fecha que inventa.
Por esa alta ventana
déjame compartir tus actos contemplándolos
y espera que te envíe
el ave de vuelo único y meta simultánea,
el mensaje que hará retroceder tus días
hasta los míos y clavará en el tiempo la distancia.

Llegue tu carta, amada, con su ingrave tesoro
que solo una estampilla guía entre torpes gentes,
entre quienes desnudos como ciegos se palpan,
entre cuantos se aman sin distancia y sin alma.

Llegue con su pequeño aire encerrado
de tu lejana estancia donde es más simple

                                              el cielo

esa palabra que entre todos los libros busco
y solo hallo cuando abro tu pliego ensimismado,
esa palabra que, sin haberla escuchado,
busco en tus labios pero resuena en mis oídos.

Llegue tu carta que musita mi nombre en todas las
                                                    ciudades
por donde pasa prisionera, triste de su virginal
                                                    goce,
a los ojos de los carteros, que me ven y se van
                                                    alegres;
llegue y caiga, paloma derribada,
en mis manos, que saben hallarle los secretos,
interpretar la forma del mundo de que vives,
el sueño de que está alimentada la ausencia,
el pedazo de tibio paisaje que me cambias
por este negro y frío túnel de pensamientos.

Llegue tu carta, mano larga, pulso sellado
                                                    llegue pronto;
alce tu carta su callado murmurio de pluma en el
                                                    viento;
mida tu carta el blanco espacio que separa las
                                                    voces, los besos.

SUSPENSION

uera de mí, en el espacio, errante,
la música doliente de un vals;
en mí, profundamente en mi ser,
la música doliente de tu cuerpo;
y en todo, viviendo el instante de todas las cosas,
la música de la noche iluminada.
El ritmo de tu cuerpo en mi cuerpo...
El giro suave del vals lejano, indeciso...
Mis ojos bebiendo tus ojos, tu rostro.
Y el deseo de llorar que viene de todas las cosas.

EL HUESPED

ué raro es el amor, qué raro
aun entre amantes
que se aman, aún en el seno
de la casa materna,
la entrañable,
qué instante
tan raro aquel en que él irrumpe
de otro modo,
súbito como un golpe,
el amor dentro del amor,
qué raro ese minuto
de compasión total, pura,
sin causa,
sin posible respuesta
ni duración
posible, qué raro
que a nadie hayamos
amado, acaso, más,
que a ese niño ajeno, en México,
que a ese que pasó hablando
consigo mismo,
que a aquella odiada mujer,
porque, de pronto,

su bata de casa nos miró desolada,
un fragmento de su espalda
nos hizo llorar
como la más arrebatadora música,
qué extraña
crecida sin palabras.
Hemos corrompido
de mentira y de uso
la palabra
amor,
y ya no sabemos
cómo entendernos: habría
que decirlo de otro modo,
o callarlo, mejor,
no sea cosa
que se vaya, el insólito
Huésped.

JORGE GAITAN DURAN
(COLOMBIA)

AMANTES

esnudos afrentamos el cuerpo
Como dos ángeles equivocados,
Como dos soles rojos en un bosque oscuro,
Como dos vampiros al alzarse el día,
Labios que buscan la joya del instante entre dos
muslos,
Boca que busca la boca, estatuas erguidas
Que en la piedra inventan el beso
Sólo para que un relámpago de sangres juntas
Cruce la invencible muerte que nos llama.
De pie como perezosos árboles en el estío,
Sentados como dioses ebrios
Para que me abrasen en el polvo tus dos astros,
Tendidos como guerreros de dos patrias que el alba separa,
En tu cuerpo soy el incendio del ser.

CARLOS GERMAN BELLI
(PERU)

NUESTRO AMOR

Nuestro amor no está en nuestros respectivos
y castos genitales, nuestro amor
tampoco está en nuestra boca, ni en las manos:
todo nuestro amor guárdase con pálpito
bajo la sangre pura de los ojos.
Mi amor, tu amor esperan que la muerte
se robe los huesos, el diente y la uña,
esperan que en el valle solamente
tus ojos y mis ojos queden juntos,
mirándose ya fuera de sus órbitas,
más bien como dos astros, como uno.

EN TU ANIVERSARIO

ecibe este rostro mío, mudo, mendigo.
Recibe este amor que te pido.
Recibe lo que hay en mí que eres tú.

FERNANDO CHARRY LARA
(COLOMBIA)

BLANCA TACITURNA

 ué día de silencio enamorado
Vive en mi gesto vago y en mi frente.
Qué día de nostalgia suavemente
Solloza amor al corazón cansado.

Alta, dulce, distante, se ha callado
Tu nombre en mi voz fiel. Pero presente
Su turbia luz mi soledad lo siente
En todo lo que existe y ha soñado.

En la tarde vagando, voluptuoso
De horizontes sin fin, la lejanía
Me envuelve en tu recuerdo silencioso:

Claros cabellos, cuerpo, ojos lejanos,
Pálidos hombros. Oh, si en este día
Tuviera yo tu mano entre mis manos.

TOMAS BORGE
(NICARAGUA)

MADRIGALES

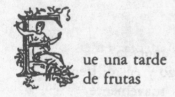

1

ue una tarde
de frutas

Te mordí la sonrisa

Me supo a mariposa
me supo verde

2

Si hablas
el relámpago
saludará a los pinos

Si callas
la música
abrirá los ojos

Si ríes
la luna
se tornará esmeralda

44

JOSE MANUEL ARANGO
(COLOMBIA)

COMO DONCELLA...

omo doncella que se adentra en el
bosque en busca de miel silvestre
y regresa trayendo en el pelo un extraño
perfume de parásitas
así fuiste aquel año en que tu carne entraba
en sazón

cuando en tu vieja ciudad
levantada entre un río y una colina
vi tu cabeza oscura contra el muro de cal

cuando la inminencia del amor apuntaba en tu risa
muchacha amarga

y tus senos latían
maduros casi para ser acariciados.

SI DIOS EXISTE

i Dios existe es hembra y se deshace
como jazmín de carne bajo el beso.
Tiene la piel de añil y turbio yeso
y fue hecho para un fuego que lo abrace.

Si Dios existe es verde y transparencia
lo que hay hundido al centro de sus ojos.
Tiene tu voz, tus formas, tus antojos,
tus fuentes esenciales y tu esencia.

Creo tener a Dios entre mis brazos
mientras desato los oscuros lazos;
lo exprimo cuando aprieto tu cintura.

Si Dios es esto es húmedo y caliente.
Voy a guardarlo en mí, profundamente,
preso en mí, desterrado en mi ternura.

MISTERIO GOZOSO

ongo la punta de mi lengua golosa en el centro mismo
del misterio gozoso que ocultas entre tus piernas
tostadas por un sol calientísimo el muy cabrón ayúdame
a ser mejor amor mío limpia mis lacras libérame de todas
mis culpas y arrásame de nuevo con puros pecados
originales, ¿ya?

TOAST

a inquieta fronda rubia de tu pelo
hace de mí un raptor;
hace de mí un gorrión
la derramada taza de tu pelo.

La colina irisada de tu pecho
hace de mí un pintor;
hace de mí un alción
la levantada ola de tu pecho.

Rebaño tibio bajo el sol tu cuerpo
hace de mí un pastor;
hace de mí un alcón
el apretado blanco de tu cuerpo.

Cuando nos cubran las altas yerbas
y ellos

los trémulos los dichosos
lleguen hasta nosotros
se calzarán de pronto
se medirán a ciegas
romperán las líneas del paisaje

y habrá deslumbramientos en el aire
giros lentos y cálidos
sobre entrecortados besos
ños crecerán de pronto los recuerdos
se abrirán paso por la tierra
se arrastrarfán en la yerba
se anudarán a sus cuerpos

memorias palpitantes
tal vez ellos
los dichosos los trémulos
se imaginen entonces
peinados por
desmesurados
imprevistos resplandores
luces altas
desde la carretera

Acuérdate muchacha
Que estás en un lugar de Suramérica
No estamos en Verona
No sentirás el canto de la alondra
Los inventos de Shakespeare
No son para Mauricio Babilonia
Cumple tu historia suramericana
Espérame desnuda
Entre los alacranes
Y olvídate y no olvides
Que el tiempo colecciona mariposas.

CARLOS MARTINEZ RIVAS
(NICARAGUA)

EL PARAISO RECOBRADO

 emos llegado a la primera estrella.
Mira la inmensa noche azul llena de
temblorosos ojos.
Todo esto forma ahora nuestro nuevo camino.

Por él vamos, Yadira, y te miro
como un gorrión saltar de estrella a estrella.
Subir de astro en astro. De cometa en cometa.
Y más allá. Más alto. Más arriba,
ya por las últimas orillas del cielo,
en donde va tu cuerpo, quemándose en el aire,
con rumbo hacia un seguro porvenir de lucero.

Y como la bandera, que en la mañana
sube... y sube, y hasta que ha llegado al término
se despliega y se entrega de lleno al azul puro;
así tú, Yadira, has ido avanzando hacia la belleza.
Pasando de muchacha a estrella.
De estrella a remolino; de remolino a brisa,
y de brisa
a sosegado, claro, ilustre aire.

Porque, en verdad, la carne se hizo aire.
Y el aire se hizo carne y habitó entre nosotros.

51

Desde la tierra, entre el hervidero fuimos ascendiendo.

Ahora todo está en ti
Y tú tan sola, ya aire ante el aire.

Llegamos a la cima más alta de su delicia.

Y oye qué trinidad tan pura:
tú, yo y el aire. Y los tres somos uno.
Por eso, a través de tu cuerpo
puedo contemplar todo el cielo.
Como si lo tuvieras dentro de ti.
Y tu esqueleto brilla como los hilos de una lámpara.
Y de tu corazón, en vez de sangre,
sale un río astronómico y celeste, que en orden
y de pies a cabeza te recorre.

Y pasan, entre otros:
El Dragón y la Cabra.
Orión, el Pez Austral.
Arturo del Boyero.
Las Dos Osas, La Lira y el Centauro.

El Cochero, la Espiga de la Virgen.
Cástor y Pólux, Fénix, el Cangrejo.
La Nebulosa Espiral de Andrómeda.
La Cabellera de Berenice.

Las Nubes Magallánicas,
El Cisne, el Sagitario,
El Enjambre de Hércules,
La Niebla de los Perros de caza.

La Ballena, La Cruz del Sur,
El Ave del Paraíso y el Navío,
Marte, Saturno, Júpiter, Neptuno,
Venus, La Vía Láctea, El Unicornio,
y el Ojo del Toro y la Serpiente.

Ya no hace falta ahora sino el sueño.
Ultimo paso de la transfiguración.

Sepárate de ti hasta caer en ti.

Que como un anillo hundiéndose poco a poco en el agua,
en el agua del sueño
se irán tus otras manos,
se irán tus otros ojos,
tu otra voz,
tu otra frente,
tu otra tú,
como sobre un estanque
donde el árbol
se separa del
árbol.

Bueno. Después de esto
ya nada queda por hacer.

Tiéndete, duerme, sueña. Y mañana
ya podremos entrar al Paraíso.

MUCHACHA

"La tercera orilla..."
Guimaraes Rosa

uchacha que sostiene otra punta de la lejanía,
yo acudo a su noche desde la tercera orilla,
que es la orilla del amor.

En esa orilla visito secretos jardines: la flor nocturna
que riego debajo de su falda, la orquídea negra que crece
en la grieta de sus muslos.

Muchacha de cuyas piernas abiertas fluye la noche,
entro en su boscaje como la llave en sus cerrojos, para
asomarme de nuevo al otro mundo.

No me pregunten el santo y seña, la clave que abre
la gruta a su silencio, el sésamo de su corazón. No hay
palabra que nombre ese fulgor.

Para María Isabel

GRANDE POEMA DEL AMOR FUERTE

i amor está con las alas abiertas sobre el mar.
—Costas, aguas y espumas.
Mi amor brilla como las aguas sobre las aguas.
El mar es redondo.
El mar es pequeño.
Mi amor es un alga marina.

Mi amor es como un pájaro.
Mi amor es una perla de luz que crece con la mañana.
Quiero sembrar un árbol con esta ilusión que tengo.

Yo quiero un cielo grande como un patio para dejar
    resbalar mi amor.
Sobre rieles de viento.

Mi amor es azul y claro.

Quiero hacer florecer esta rosa en capullo.
Que tengo sembrada en el bolsillo.
Sol, ¡sol!, ¡sol!
Y agua.

Mi amor es un muchacho esbelto dentro de una chaqueta.

Yo lo agarro y lo pongo sobre la mesa como un muñeco
y él vive con sus ojos inmensos.

Mi amor es un niño que imita el pito del automóvil.

Por la calle, yo llevo mi amor como una culebra faldera,
amarrada del pescuezo por un hilo,
y ella se abraza a la calle
y dibuja la silueta del terreno.

Crece, crece, pompita de jabón,
Jocote en la punta de una rama madura,
botella del vidriero,
chimbomba de hule en la boca de un niño.

Todo. Porque es esférico completamente
y se envuelve todo.

Y porque está cerrado sin juntura.
Deja que la pelota de mi amor,
brinque en los peldaños de la escalera
y caiga en el agua de tu estanque.

(Mi amor, es fresco y suave como la languidez de tus
    cabellos).

Mi amor, mujer, es como tú misma.

¿Por qué ha estallado esta flor?

Mi amor está con las alas abiertas sobre el mundo.

Mi amor brilla como el mundo sobre el mundo.

El mundo es redondo.
¿El mundo es pequeño?
—Mi amor es un mundo.

FUTBOL

A Vicente y Lorenzo

uega con la tierra
como con una pelota

báilala
estréllala
reviéntala

no es sino eso la tierra
tú en el jardín
mi guardavalla mi espantapájaros
mi atila mi niño

la tierra entre tus pies
gira como nunca
prodigiosamente bella

MIGUEL MENDEZ CAMACHO
(COLOMBIA)

ESCRITO EN LA ESPALDA
DE UN ARBOL

o recuerdo si el árbol daba frutos
o sombra,
sólo se que dio pájaros

Que era en el centro del patio
y de la infancia

Que en la madera fácil
tallé tu nombre encima
de un corazón deforme

Y no recuerdo más:
Tanto subió tu nombre con el árbol
que pudiste escaparte
en la primera cosecha que dio pájaros.

JUAN BAÑUELOS

(MEXICO)

DONDE SOLO SE HABLA DE AMOR

 los hombres, a las mujeres
Que aguardan vivir sin soledad,
Al espeso camaleón callado como el agua,
Al aire arisco (es un pájaro atrapado),
A los que duermen mientras sostengo mi
vigilia,
A la mujer sentada en la plaza vendiendo su silencio.
En fin, diciendo ciertas cosas reales
En una lengua unánime, amorosa;
A los niños que sueñan en las frutas
Y a los que cantan canciones sin palabras en las noches
Compartiendo la muerte con la muerte,
Los invito a la vida
      Como un muchacho que ofrece una manzana,
Me doy en fuego
      Para que pasen bien estos días de invierno
Porque una mujer se acuesta a mi lado
         Y amo al mundo.

JOSE PEREZ OLIVARES
(CUBA)

VIAJE A TRAVES DE LOS ESPEJOS

A Elsa, compañera de viaje.

os desnudamos contra la noche.
Somos pálidos y niños,
tenemos las manos frías.
Sin prisa
hacemos de nuestras ropas
un nido de susurros,
una violenta ola.
Entonces,
sobreviene el temblor,
la consabida presencia,
los fuegos anaranjados en la piel.

A una señal
iniciamos el viaje.

JUNTO A TU CUERPO...

unto a tu cuerpo totalmente entregado al mío
junto a tus hombros tersos de que nacen las
rutas de tu abrazo,
de que nacen tu voz y tus miradas, claras y
    remotas,
sentí de pronto el infinito vacío de su ausencia.

Si todos estos años que me falta
como una planta trepadora que se coge del viento
he sentido que llega o que regresa en cada contacto
y ávidamente rasgo todos los días un mensaje que nada
    contiene sino una fecha
y su nombre se agranda y vibra cada vez más
    profundamente
porque su voz no era más que para mi oído,
porque cegó mis ojos cuando apartó los suyos
y mi alma es como un gran templo deshabitado.
Pero este cuerpo tuyo es un dios extraño
forjado en mis recuerdos, reflejo de mí mismo,
suave de mi tersura, grande por mis deseos,
máscara
estatua que he erigido a su memoria.

INVENTIVA Y ELOGIO PARA TUS OJOS

é que tus ojos
estarán para siempre
entre las representaciones más audaces
de la luz
cuando muere
bordeando esa penumbra
que establece su reino
bajo la desvalida transparencia.
Tus ojos tienen la sutileza del contorno
y se resisten a las definiciones de Breton
acerca de la convulsibilidad de la belleza.
Ellos son
cortada contra el olvido
corredores de fondo
ante la veloz premonición de la carrera
testigos que miran asustados
las aceleradas pulsaciones del amor en mi cuerpo.
Tus ojos justifican el esplendor
prefiguran la inminencia de un planeta
donde convergen las tentaciones de este mundo.
Cómo me gustaría abrir ante su verde y fría indiferencia

las puertas de lo oscuro.
Fijar sueños y cóleras que debo
en tus cimbreantes córneas.
Ofrecer a la placidez de tus retinas
versiones de la que pude ser
cuando no era en mí misma una extranjera.
En tus ojos desmiento
la culpabilidad de los amantes
que se entregan vestidos bajo la noche ajena
y canto las antiguas baladas
que los hombres cantaron a sus dioses
y gratifico a los que me ultrajaron sin piedad
porque así me enseñaron
a conocer el paraíso de tus ojos.
¿Importa si vigilan desde el bastión del párpado
la dolorosa acometida de estas ruinas intrépidas
que, aún vencidas
envían sus ejércitos a azorosas batallas?
¿Acaso hay un país donde no tiembla el ciervo
o viven peces en aguas contaminadas?
En tus ojos perdono
a los autores de las fábulas que leí en mi niñez
a la cigarra que no come a la uva escarnecida por la zorra
a los reyes desnudos que cayeron
en la trampa sutil de los brocados.
Soy de tus ojos como de mi infancia. Como no soy de ti,
soy de tus ojos.

64

HOMERO ARIDJIS
(MEXICO)

A VECES UNO TOCA
UN CUERPO

 veces uno toca un cuerpo y lo despierta
por él pasamos la noche que se abre
la pulsación sensible de los brazos marinos

y como al mar lo amamos
como a un canto desnudo
como al solo verano

Le decimos luz como se dice ahora
le decimos ayer y otras partes

lo llenamos de cuerpos y de cuerpos
de gaviotas que son nuestras gaviotas

Lo vamos escalando punta a punta
con orillas y techos y aldabas

con hoteles y cauces y memorias
y paisajes y tiempo y asteroides

Lo colmamos de nosotros y de alma
de collares de islas y de alma

Lo sentimos vivir y cotidiano
lo sentimos hermoso pero sombra

BAJO LOS OJOS DEL AMOR

ún eres tú en medio de una incesante cascada de esmeraldas y de sombras, como una larga palabra de amor, como una pérdida total.

Aún eres tú quien me tiene a sus pies
como una blanca cadena de relámpagos,
como una estatua en el mar, como una rosa
deshecha en cortos sueños de nieve y sombras,
como un ardiente abrazo de perfumes en el centro del
        mundo.

Aún eres tú como una rueda de dulces tinieblas
agitándome el corazón con su música profunda,
como una mirada que enciende callados remolinos
bajo las plumas del cielo, como la yerba de oro
de una trémula estrella, como la lluvia en el mar,
como relámpagos furtivos y vientos inmensos en el mar.
En el vacío de un alma donde la nieve descarga
en una ventana hecha con los resonantes emblemas del
        otoño,
como una aurora en la noche, como un alto puñado de
        fechas
del más alto silencio aún eres tú, aún es tu reino.

Como un hermoso cuerpo solitario que baña la memoria
como un hermoso cuerpo sembrado de soledad y
    mariposas,
como un torso cálido y sonoro, como unos ojos
donde galopa a ciegas mi destino y el canto es fuego,
fuego la constelación que desata en nuestros labios
la gota más pura del fuego del amor y de la noche,
la quemante palabra en que fluye el amor aún.

WALT WHITMAN
(ESTADOS UNIDOS)

OH, TU QUE CON FRECUENCIA Y EN SILENCIO VOY A BUSCAR

h tú, que con frecuencia y en silencio voy a buscar en donde te halles, a fin de poder estar contigo!
Mientras que camino a tu lado o me siento junto a ti, o permanezco en la misma alcoba que tú,
poco sabes del sutil fuego eléctrico que por ti arde en mi interior.

PARA TI MI AMOR

ui al mercado de pájaros
Y compré pájaros
Para ti
amor mío
Fui al mercado de flores
Y compré flores
Para ti
amor mío
Fui al mercado de hierros viejos
Y compré cadenas
Pesadas cadenas
Para ti
amor mío
Y después fui al mercado de esclavos
Y te busqué
Pero no di contigo
amor mío

PARA LO QUE VIENE

ue sean tus manos las últimas, las que arreglen
para el corazón
las nieves del primer silencio
como sobre una tumba nueva en el otoño.

Que sean tus ojos el sol sombrío
del mundo del sueño
hacia el cual va mi alma.

Que me sea tu voz el soplo
de mares lejanos en los que se apagaron
las campanas
aplastadas por las oraciones.

Que me sean tus trenzas
como sauces del anochecer
en el cual tiemblan
los olvidados rumores.

Que me sea tu alma beso
sobre fríos párpados
y tu lágrima
el pensamiento claro
del último instante.

71

Que me sea tu amor tardío
la ola que nos mece
en la eternidad.

PAUL ELUARD
(FRANCIA)

FIEL

iviendo en una aldea plácida
de donde sale el camino largo y firme
hacia un lugar de lágrimas y sangre
somos puros.

Las noches son calientes y tranquilas
y guardamos a nuestras amantes
esta fidelidad preciosa
entre todas: la esperanza de vivir.

COMO SI DIJERA

Te quiero como si comiera el pan salpicándolo
de sal
como si levantándome de noche ardiendo de
fiebre
tomara el agua con la boca sobre el grifo
te quiero como espero la pesada valija del correo
no sé qué contiene ni de quién
lleno de alegría de sospechas agitado
te quiero como si sobrevolase el mar por primera
vez en avión
te quiero como algo que se mueve en mí
cuando el crepúsculo desciende sobre Estambul
poco a poco
te quiero como si dijera: —Alabado sea Dios,
estoy vivo.

LA UNION LIBRE

i mujer de cabellera de fuego de madera
de pensamientos de relámpagos de calor
de talle de reloj de arena
mi mujer de talle de castor entre los dientes
del tigre
mi mujer de boca de escarapela y de ramilletes de estrellas
de última magnitud
de dientes de huella de ratón blanco sobre la tierra blanca
de lengua de ámbar y vidrio frotados
mi mujer de lengua de hostia apuñaleada
de lengua de muñeca que abre y cierra los ojos
de lengua de piedra increíble
mi mujer de pestañas de palote de escritura de niño
de cejas de borde de nido de golondrinas
mi mujer de sienes de pizarra de techo de invernadero
y de vaho en los cristales
mi mujer de hombros de champagne
y de fuente de cabeza de delfines bajo el hielo
mi mujer de muñecas de cerillos
mi mujer de dedos de azahar y de as de corazón
de dedos de heno cortados
mi mujer de axilas de mármol y de bellota
de noche de San Juan

de aleña y de nido de escaleras
de brazos de espuma de mar y de esclusas
y de mezcla de trigo y de molino
mi mujer de piernas de huso
de movimientos de relojería y desesperación
mi mujer de pantorrillas de medula de sauco
mi mujer de pies de iniciales
de pies de llavero de pies de pajarillos que beben
mi mujer de cuello de cebada imperlada
mi mujer de garganta de Valle de Oro
de cita en el lecho mismo del torrente
de senos de noche
mi mujer de senos de madriguera marina
mi mujer de senos de crisol de rubíes
de senos de espectro de la rosa bajo el rocío
mi mujer de vientre de despliegue de abanico de los días
de vientre de garra gigante
mi mujer de espalda de pájaro que huye vertical
de espalda de azogue
de espalda de luz
de nuca de piedra gastada y de tiza mojada
y de caída de un vaso en el que se acaba de beber
mi mujer de caderas de lanzaderas
de caderas de lámpara y de plumas de flecha
y de cañones de pluma de pavo real blanco
de balanza insensible
mi mujer de nalgas de greda y de amianto
mi mujer de nalgas de dorso de cisne
mi mujer de nalgas de primavera
de sexo de gladiolo
mi mujer de sexo de yacimiento y de ornitorrinco
mi mujer de sexo de alga y de bombones viejos
mi mujer de sexo de espejo

76

mi mujer de ojos llenos de lágrimas
de ojos de panoplia violeta y de aguja imantada
mi mujer de ojos de sábana
mi mujer de ojos de sábana para beber en prisión
mi mujer de ojos de leño siempre bajo el hacha
de ojos de nivel de agua de nivel de aire de tierra y de
    fuego.

DYLAN THOMAS
(GALES)

AMOR EN EL HOSPICIO

na extraña ha venido
a compartir mi cuarto en esta casa que anda
mal de la cabeza,
una muchacha loca como los pájaros

traba la puerta de la noche con sus brazos, sus plumas.
Ceñida en la revuelta cama
alucina con nubes penetrantes esta casa a prueba de cielos

hasta alucina con sus pasos este cuarto de pesadilla,
libre como los muertos
o cabalga los océanos imaginarios del pabellón de
    hombres.

Ha llegado posesa
la que admite la alucinante luz a través del muro saltarín,
posesa por los cielos

ella duerme en el canal estrecho, hasta camina en el polvo
hasta desvaría a gusto
sobre las mesas del manicomio adelgazadas por mis
    lágrimas.

Y tomado por la luz de sus brazos, al fin, mi Dios, al fin
puedo yo de verdad
soportar la primera visión que incendia las estrellas.

HAY QUE HACER ALGO

archemos para que el camino llegue a otros
caminos.
Marchemos para que nuestros pasos
encuentren otros
pasos.

Cantemos para que el hambre ya no tenga ningún rostro.
Cantemos para que el amor viva con el amor.

Bailemos para que el día se llene de nuestras risas.
Bailemos para que la noche se encienda con nuestros besos.

Soñemos para que la vida reúna todos nuestros sueños.
Soñemos para que la muerte no llegue antes que la muerte.

Y después volvamos a abrir los ojos y subamos de nuevo.
Y después tendámonos las manos, y volvamos a empezar.

El mundo espera al mundo y la hora golpea esta hora.
Para que el amor persista basta un solo amor.

MARIN SORESCU
(RUMANIA)

PERSPECTIVA

i te corres un poquito
mi amor crecería
como el aire entre los dos.

Si te corres un poco más lejos
te amaría con las montañas,
aguas y ciudades
que yacerían entre nosotros.

Y si te alejas un poco más
hacia el horizonte
tu perfil abarcaría
el sol, la luna y la mitad del cielo.

81

SOLO TRES PALABRAS

rotan de pronto
lágrimas de nuestros ojos
hasta que las enjugamos
con el suave susurro
de sólo tres palabras.

¿Y cómo ahogaríamos
el dolor y los celos
que nos separan
si no fuese por el oráculo
de sólo tres palabras?

Sólo tres palabras,
siete años esperando
con crueldad prolongada
noche a noche sufrida
por sólo tres palabras.

Amor, te quiero,
aquí a los ojos del mundo
y siempre he de quererte
con una fe perfecta
en sólo tres palabras.

Jactémonos los dos
de ser aún poetas
cuya fuerza y cuya fe
cuelga de este elevado altar
de sólo tres palabras.

BLAISE CENDRARS
(FRANCIA)

ERES MAS BELLA
QUE EL CIELO Y EL MAR

uando amas debes dejar
Dejar tu esposa y tu hijo
Dejar tu amiga dejar tu novia
Dejar tu moza dejar tu amante
Cuando amas debes dejar

El mundo está lleno de hombres y mujeres de color
De hombres y mujeres y hombres y mujeres
Mira las finas tiendas
Este taxi este hombre esa mujer ese taxi
Y todas las finas mercancías

Existe el aire el viento
Las montañas las aguas el cielo la tierra
Los niños los animales
Las plantas y los carbones de tierra

Aprender vender comprar revender
Dar tomar dar tomar
Cuando amas debes saber
Cómo cantar correr comer beber
Silbar
Y aprender a trabajar

Cuando amas debes dejar
No te quejes cuando sonríes
No te ocultes entre sus senos
Respira levántate y vete

Tomo la ducha y miro
Veo la boca conozco
La mano la pierna El el ojo
Me baño y miro

El mundo entero está siempre allí
La vida está llena de cosas extraordinarias
Salgo de la farmacia
Justamente mido las escaleras
Tengo 80 kilos
Te amo

a veo a lo lejos
Saliendo de los Mares de Humo
En una severamente-plisada túnica
Usted no me ve

Pero a usted, Extranjera
Yo me esfuerzo por alcanzarla
Remo hacia usted
Como un hombre con solamente un remo
Al otro lado quizá
Alguien más fuerte está halando
En la batalla mis manos pierden su dominio
El bote va girando y girando
En los círculos del Día y de la Noche
Pero nunca pierdo el control sobre usted.
Usted
Será mi remo!

TACTICA Y ESTRATEGIA

i táctica es
mirarte
aprender como sos
quererte como sos

mi táctica es
                hablarte
y escucharte
construir con palabras
un puente indestructible

mi táctica es
quedarme en tu recuerdo
no sé cómo   ni se
con qué pretexto
pero quedarme en vos

mi táctica es
                ser franco
y saber que sos franca
y que no nos vendamos
simulacros
para que entre los dos

no haya telón
                    ni abismos
mi estrategia es
en cambio
más profunda y más
                              simple
mi estrategia es
que un día cualquiera
no sé cómo   ni sé
con qué pretexto
por fin   me necesites

1

i amor maravilloso como la piedra insensata
Esta palidez que tú juzgas ligera
De tal modo te alejas de mí para regresar
A la hora en que el sol y nosotros dos formamos
    una rosa
Nadie la ha vuelto a encontrar
Ni el cazador furtivo ni la esbelta amazona que
    habita las nubes
Ni este canto que anima las habitaciones perdidas
Y tú eras esa mujer y tus ojos mojaban
De aurora la planicie donde yo era la luna

2

Sobre una montaña
Donde los rebaños hablan con el frío
Como lo hizo Dios
Donde el sol vuelve a su origen
Hay granjas llenas de dulzura
Para el hombre que marcha en su paz
Yo sueño con ese país donde la angustia

Es un poco de aire
Donde los sueños caen en los pozos
Yo sueño y estoy aquí
Contra un muro de violetas y esta mujer
Cuya oblicua rodilla es una pena infinita

3

Hay jardines que ya no tienen país
Y están solos con el agua
Palomas azules y sin nido los recorren
Mas la luna es un cristal de dicha
Y el niño recuerda un gran desorden claro

4

Como estos lagos que dan tanta pena
Cuando el otoño los cubre y vuelve azules
Como el agua que no tiene sino un solo sonido
    mil veces el mismo
No hay reposo alguno para ti oh vida
Los pájaros vuelan y se encadenan
Cada sueño es de un país
Y tú entre las hojas de esta llanura
Hay tanto adiós delante de tu rostro

5

Los árboles que no viajan sino con su murmullo
Cuando el silencio tiene la hermosura de mil
    pájaros juntos
Son los compañeros bermejos de la vida
Oh polvo sabor de hombres

Pasan las estaciones mas pueden volver a verlos
Seguir al sol en el límite de las distancias
Y después —como los ángeles que tocan la piedra
Abandonados a las tierras del anochecer

Y aquellos que sueñan bajo tus follajes
Cuando madura el pájaro y deja sus rayos
Comprenderán por las grandes nubes
Muchas veces la muerte muchas veces el mar

6

Amor mío no hay nada de lo que amamos
Que no huya como la sombra
Como esas tierras lejanas donde se pierde el nombre
No hay nada que nos retenga
Como esta cuesta de cipreses donde dormitan
Niños de hierro azules y muertos

7

Los ríos y las rosas de las batallas
Dulce bandera mecida por el hierro
Brillaban llanuras sin país
Después la nieve malvada y blanca

Las hormigas devoraban el vestido de las maravillas
Qué lentos eran los años
Cuando tú llevabas mandil de colegial
Cuando dormías cada noche sobre tu infancia

91

Si tú eres bella como los Magos de mi país
Oh amor mío no llores
A los soldados muertos y su sombra que huye de la
    muerte
Para nosotros la muerte es una flor del pensamiento
Hay que soñar en los pájaros que viajan
Entre el día y la noche como una huella
Cuando el sol se aleja entre los árboles
Y hace de sus hojas otra pradera

Amor mío
Tenemos los ojos azules de los prisioneros
Mas los sueños adornan nuestros cuerpos
Tendidos somos dos cielos en el agua
Y la palabra es nuestra sola ausencia

Aquel que piensa y no habla
Un caballo lo lleva hacia la Biblia
Aquel que sueña se mezcla al aire

Os llamo María
Un casto cuerpo a cuerpo con vuestras alas
Sois bella como las cosas ya vistas
Al principio no estaba vuestro Hijo en los paisajes
Ni vuestro pie de plata en los lechos
Os envidio María

El cielo te cubre de pena
Los cuervos han tocado tus ojos azules
Tú me inquietas muchacha me inquietas
El follaje está loco por ti

PERSONA DESAPARECIDA

e puede dar una descripción precisa?,
dijo el policía. Sus labios, le repliqué,
eran suaves. ¿Puede sugerirme, dijo, lápiz
en mano, una comparación? Suaves
como una boca abierta. ¿Otras?
particularidades? Su pelo caía
pesadamente. ¿De un tinte o color
notable? Puedo recordar
muy poco, pero su aroma
tan peculiar... ¿Qué quiere decir
tan peculiar? Tenía
olor de cabello femenino. ¿En dónde
estaba usted? Más cerca
que de cualquiera en este momento, al nivel
de sus ojos, de su boca. ¿Sus ojos?
¿Qué acerca de sus ojos? Eran dos, dije,
y ambos negros. Se ha establecido, dijo,
que los ojos fuera del uso común
no pueden ser negros. ¿Está usted implicando
que hubo violencia? Unicamente
el gentil martilleo de los besos, el olor
de su aliento el... Basta, dijo el agente,

incorporándose, lo siento
pero no conocemos
a nadie que responda a esas señas.

LOS NIDOS

uando el soplo de abril abre las flores,
buscan las golondrinas
de la vieja torre las agrestes ruinas;
los pardos ruiseñores
buscando van, bien mío,
el bosque más sombrío,
para esconder a todos su morada
en los frondosos ramos.
Y nosotros también, en el tumulto
de la inmensa ciudad, hogar oculto
anhelantes buscamos,
donde jamás oblicua una mirada
llegue como un insulto;
y preferimos las desiertas calles
donde la turba inquieta
en tropel no se agrupa; y en los valles
las sendas del pastor y del poeta;
y en la selva el rincón desconocido
donde no llegan del mundo los rumores.
Como esconden los pájaros su nido,
vamos allí a ocultar nuestros amores.

ELEGIA

u belleza quemará las naves,
tu belleza quemará los bosques,
el gusto tiene de la muerte,
como la aurora es triste.

Es belleza de esclava,
para grandes horas de gloria
naciste, y tu cuerpo nos hará
desesperar.

Belleza de reina.
De tu sencillo gesto,
de pobreza sola
te viene la gracia
que te envuelve
y el embeleso del misterio.

Tu belleza quema bosques y naves,
o nacida para la gloria
y para tristes experiencias,
flor de las aguas frías,
de las llanuras frías, lirio,
o estrella, bella estrella de la tarde.

Para el amor naciste,
pero tus ojos no tendrán la dicha,
sólo lágrimas tendrán.
Tu belleza es luz,
luz en los cuerpos desnudos,
en un cuerpo frío, fuego matinal.

De ti nace ese aliento misterioso
que hace temblar rosados pétalos,
estremecer aguas lacustres.

Quemarás los bosques
y quemarás las naves
y en las noches
te revelarás
en otra belleza trasmutada.

ENAMORADAS

as muchachas enamoradas tienen el sol en sus
duros senos
Luchan contra la sombra
Vencen al mar
El día en sus ojos cerrados hace surgir las
tormentas
La noche abre su sexo a los delirios del viento
Y desnudas y blancas
Como un nudo de espejos en la mirada
Colman los brazos de los náufragos amantes.

Las uñas y los costados no tienen servidumbre
El claro camino que va de la noche a la noche
Está cubierto de una pura multitud que camina
Con armas lágrimas canciones
Recolectando todos los frutos fecundando todos los sueños
Escalando las cimas nevadas de la mañana
Para descubrir el campo de una nueva lucha
Y el estrecho infinito que se aloja en sus manos.

Las muchachas enamoradas tienen las manos de sus sueños
Conciliadas con los deseos que arden en el viento
Se ríen de las virtuosas semillas
Sus granos carecen de inocencia
Sus granos que llevan las alas muy abiertas
Colman el cielo y acribillan el futuro
Con un brillante vuelo que niega poder morir nunca.

IVAN GOLL
(ALEMANIA)

CADA AMANECER

 ada amanecer vuelves a mí diferente
de los bastidores del teatro nocturno,
¿qué santelmo, qué santa, qué infanta
eres en tu oscura singularidad?

¿Con qué arma acercarse hasta ti, prisionera?
¿Saldrás por una puerta giratoria
de un castillo sumergido? ¿De una tempestad
o de una calle de irritantes revueltas?

¿Qué incendio ha deshecho tus rizos?
¿Qué dios te ha murmurado la consigna?
Cantas en toscano. Hueles a azufre.

Vuelves a mí, errante, lamentable,
con la máscara de una sonrisa, y bajo la púrpura
del manto, mal oculta, un ala de ángel.

APARICION

La luna se velaba. Serafines llorosos,
con el arco en los dedos, adolorida el alma,
pensaban en la calma
de las dormidas flores de tallos vaporosos.
Y heridas por sus manos las moribundas violas
rompían en sollozos de un albor invisible
que rozaban, rozaban el azul apacible
de las tibias corolas.
¡Era el día bendito de tu beso primero!
La febril fantasía que las almas consume,
por herirme, a sabiendas se embriagó del perfume
de tristeza que lanza
la cosecha de un sueño sobre el ser que lo alcanza.
Mientras miraba al suelo con mirar abstraído,
en la calle, en la tarde, te me has aparecido
como un hada riente
como el hada risueña de mis tiempos mejores,
como el hada riente que de blancos fulgores
coronaba la frente, pasaba ante mis ojos,
pasaba ante mis ojos turbados dulcemente,
dejando que sus manos regasen mal cerradas,
nevados ramilletes de estrellas perfumadas.

EUGENIO DE ANDRADE
(PORTUGAL)

URGENTEMENTE

s urgente el amor.
Es urgente un barco en el mar.

Es urgente destruir ciertas palabras,
soledad, odio y crueldad,
algunos lamentos,
muchas espadas.

Es urgente inventar alegría,
multiplicar los besos, las mieses,
es urgente inventar rosas y ríos
y mañanas claras.

Cae el silencio en los hombres y la luz
impura, hasta doler.
Es urgente el amor, es urgente
permanecer.

ELEGIA: ANTES DE ACOSTARSE

Ven, ven, todo reposo mi fuerza desafía.
Reposar es mi fuerza pues tendido me
esfuerzo:
No es enemigo el enemigo
Hasta que no lo ciñe nuestro mortal abrazo.
Tu ceñidor desciñe, meridiano
Que un mundo más hermoso que el del cielo
Aprisiona en su luz; desprende
El prendedor de estrellas que llevas en el pecho
Por detener ojos entrometidos;
Desenlaza tu ser, campanas armoniosas
Nos dicen, sin decirlo, que es hora de acostarse.
Ese feliz corpiño que yo envidio,
Pegado a ti como si fuese vivo:
¡Fuera! Fuera el vestido, surjan valles salvajes
Entre las sombras de tus montes, fuera el tocado,
Caiga tu pelo, tu diadema,
Descálzate y camina sin miedo hasta la cama.
También de blancas ropas revestidos los ángeles
El cielo al hombre muestran, más tú, blanca, contigo
A un cielo mahometano me conduces.
Verdad que los espectros van de blanco
Pero por ti distingo al buen del mal espíritu:

Uno hiela la sangre, tú la enciendes.
Deja correr mis manos vagabundas
Atrás, arriba, enfrente, abajo y entre,
Mi América encontrada: Terranova,
Reino sólo por mí poblado.
Mi venero precioso, mi dominio.
Goces, descubrimientos,
Mi libertad alcanzo entre tus lazos:
Lo que toco, mis manos lo han sellado.
La plena desnudez es goce entero:
Para gozar la gloria las almas desencarnan,
Los cuerpos se desvisten.
Las joyas que te cubren
Son como las pelotas de Atalanta:
Brillan, roban la vista de los tontos.
La mujer es secreta:
                          Apariencia pintada,
Como libro de estampas para indoctos
Que esconde un texto místico, tan sólo
Revelado a los ojos que traspasan
Adornos y atavíos.
Quiero saber quién eres tú: desvístete,
Sé natural como al nacer,
Más allá de la pena y la inocencia
Deja caer esa camisa blanca,
Mírame, ven, ¿qué mejor manta
Para tu desnudez, que yo, desnudo?

UN SOLO LUGAR

quí la elección de las palabras no tiene ningún misterio.
Es el día, la noche, la prueba y la evidencia.
Es también luz o pan, caricia o fiesta.
Aquí nos callamos.

Aquí, la vida es pobre todavía y está amenazada.
La esperanza tiene llanto de cólera y angustia.
La fiebre desvaría y la desgracia llama.
Aquí escuchamos.

Aquí, sin embargo, el mundo está cerca de nuestro rostro.
El cielo de un bello despertar se mezcla con las voces del alba.
Mi mano, tomando tu mano, recobra nueva llama.
—Aquí nos amamos.

POEMA PARA USO PERSONAL

Te voy a crear a tamaño de bolsillo
para llevarte siempre conmigo.
De vez en cuando
voy a sacarte a escondidas:
cuando tenga necesidad
de ver hombros pecosos de irlandesa,
de oír palabras humildes como la harina,
y de ver una luz como de naves viejas.

LLAMADA

Te llamo sí te llamo no puedo más te llamo
te grito ven acude no me abandones búscame
déjame verte adivinarte
distenderme un instante bajo el sol de tus ojos
como si en el radiante mediodía me tumbara
en la hierba
déjame ver una vez más tu irónica ternura
tus infantiles gestos asustados
tu mirada solitaria que acaricia el rostro de las cosas
tu mirada de niña de ojos lentos
tus labios que entre los míos se funden
como un delicado manjar suntuoso y discreto
tus labios comestibles fáciles tus labios de trufa celeste
tus labios húmedos penetrables como un sexo más
    luminoso
cómo puedo sufrir que te alejes que te lleves este enigma
que huyas como un ladrón armada de razones
y ocultando en tu seno mis preguntas robadas
que te escondas en los huecos en los turbios rincones del
    tiempo
que te envuelvas en la distancia como en un disfraz
    inmenso
te llevas algo mío que nunca ha sido mío

me dejas amputado desarmado hemipléjico
vuelve no puedo renunciar a ser aquel otro
deja que todo nazca dame eso que trajiste mío
desanuda tus entrañas como si fueras a parir nuestro amor
y vuelve tráemelo muéstramelo
déjame entrar en ti como entrar en la noche
compartir tu tesoro taciturno
la suntuosa penumbra de tu alma tibia y quieta
ven no juegues más al juego idiota de la tortura
no me niegues cómplice altiva no blasfemes de mí
adónde vas vestida de miradas mías
adónde irás que no seas la nombrada por mí
regresa no te lleves mi semilla
mis dones los hundí en tu carne
no te podrás librar de esta corona vuelve.

PUEDO TOCAR

uedo tocar dijo él
(voy a gritar dijo ella
sólo una vez dijo él)
es lindo dijo ella

(puedo palpar dijo él
cuánto dijo ella
un montón dijo él)
por qué no dijo ella

(vámonos dijo él
no demasiado lejos dijo ella
qué es demasiado lejos dijo él
dónde estás dijo ella)

puedo quedarme dijo él
(en qué sentido dijo ella
así dijo él
si besas dijo ella

puedo moverme dijo él
es esto amor dijo ella)

si estás dispuesta dijo él
(pero me estás matando dijo ella

pero es la vida dijo él
pero tu mujer dijo ella
ahora dijo él)
ay dijo ella

(de primera dijo él
no pares dijo ella
oh no dijo él)
más despacio dijo ella

(¿teeeerminaaaaaaaste? dijo él
ayayay dijo ella)
¡eres una maravilla dijo él
(eres Mío dijo ella)

ANDRE FRENAUD
(FRANCIA)

PROMESA

uando me das tu mano es como tu ser entero
Quedamos desposeídos y dueños de nuestros
cuerpos
Un gallo arderá en nuestros alientos mezclados
Y nos desvaneceremos en la única real
presencia.

PEDRO GIMFERRET
(ESPAÑA)

QUINTA ELEGIA

n las cabinas telefónicas
hay misteriosas inscripciones dibujadas con
lápiz de labios.
Son las últimas palabras de las dulces
muchachas rubias
que con el escote ensangrentado se refugian allí para
morir.
Ultima noche bajo el pálido neón, último día bajo el sol
alucinante,
calles recién regadas con magnolias, faros amarillentos
de los coches patrullas en el amanecer.
Te esperaré a la una y media, cuando salgas del cine —y
a esta hora está muerta en el Depósito aquella cuyo
cuerpo era un ramo de orquídeas.
Herida en los tiroteos nocturnos, acorralada en las
esquinas por los reflectores, abofeteada en los *night-
clubs*,
mi verdadero y dulce amor llora en mis brazos.
Una última claridad, la más delgada y nítida,
parece deslizarse de los locales cerrados:
esta luz que detiene a los transeúntes
y les habla suavemente de su infancia.

Músicas de otro tiempo, canción al compás de cuyas viejas
   notas conocimos una noche a Ava Gardner,
muchacha envuelta en un impermeable claro que besamos
   una vez en el ascensor, a oscuras entre dos pisos, y
   tenía los ojos muy azules, y hablaba siempre en voz
   muy baja —se llamaba Nelly.
Cierra los ojos y escucha el canto de las sirenas en la
   noche plateada de anuncios luminosos.
La noche tiene cálidas avenidas azules.
Sombras abrazan sombras en piscinas y bares.
En el oscuro cielo combatían los astros
cuando murió de amor,
                                        y era como si oliera muy
                                           despacio un perfume.

asta luego, querida, hasta luego.
Dulce mía, te llevo en el pecho.
Esta despedida inaplazable
nos promete un encuentro en el futuro.

Hasta luego, querida, sin manos, sin palabras,
no te aflijas, no entristezcas las cejas.
En esta vida no es nuevo morir,
pero vivir tampoco es más nuevo.

STEFAN GEORGE
(ALEMANIA)

ESBELTA Y PURA COMO LLAMA

ú, esbelta y pura como llama,
Tú, como la mañana suave y clara,
Tú, florecido arroz de noble tallo,
Tú, como secreta fuente llana,

me acompañas en soleados prados,
me haces temblar en el vaho nocturno,
mi camino aclaras en la sombra,
Tú, fresco soplo y aliento cálido.

Tú eres mi deseo y pensamiento,
yo te respiro en cualquier aire,
en cada líquido te saboreo,
y te beso en cualquier aroma.

Tú, florecida rama de noble tallo,
Tú, como secreta fuente llana,
Tú, esbelta y pura como llama,
Tú, como la mañana suave y clara.

¿QUE SE YO?

ué sé yo y qué sabes tú de mí,
prisionero de la errante calle,
de los sucios cercados, remedo
de un ser vivo acaso?

Perdidas las llaves del amor,
lo que cuenta es quizá fácil.

Quiero tu memoria al final de mi memoria,
como un raíl tendido hacia el ancho horizonte,

y que tu voz aún me siga
cuando de noche haya vuelto
a esta prisión de lágrimas dispersas en la lluvia.

¿Cuál es mi deuda? Yo conozco la tuya.
Bajo nuestros besos acaso estoy libre,
gran arco tendido de una orilla de mi vida a la otra.

117

CANCION PARA LOS BAUTISMOS

elancolía Melancolía
Qué nombre bonito para una muchacha
Neurastenia Neurastenia
Que nombre más feo para una solterona

Yo busco un nombre para un muchacho
Un nombre supuesto un nombre de guerra
Para la próxima y la última
Para la última de las últimas

Esperanza Acaso Agenor
O Singular o Domingo
Un nombre para salir corriendo
En el tiempo de las bombas atómicas

Pero yo prefiero Noche
Para aquella que me gusta y quiero
Noche morena Noche dulce
Noche clara como agua de fuente.

MATTHEW MEAD
(INGLATERRA)

IDENTIDADES

Te acordarás de mí Tatania
cuando el mapa de esta región esté doblado
cuando ya no veas más la baja torre y las colinas
el puente jorobado y el arroyo a través de los
sauces?

Nos detuvimos en la puerta de los besos,
la lanzadera se entrelaza a la noche;
el viento viaja lejos Tatania
y tú debes seguirlo.
¿Cuando remember y septiembre rimen
debo rimarlos para una traducción de café?

Las colinas esperan como siempre la caricia del ojo,
el ansioso pie de la gloria o el destello cálido;
sobre campos sucesivos, rompedores de límites
se elevan a un legado de horizontes:
¿Me recordarás Tatania mientras me adhiero
a esa marcas y cicatrices
que se desvanecen de tu mente?

Estamos aquí en el final del día,
las colinas esperan,
los campos son un verde mar.
Y más cerca
la luz falla
cambia y se esfuma y nuestros ojos
guardan línea con la rama,
silueta de hoja...

Cuando Lázaro yazca en su larga tumba y las hojas
    muertas
tiemblen en su olvidadiza danza,
¿me recordarás Tatania?
¿Volveré como un fantasma a turbar tu alegría?
Tatania, Tatania, ¿qué recordarás?
Aquí, con tus labios en los míos,
¿quién piensas que soy yo?

AMOR

 as cántaras de los lecheros el canto del ruiseñor
El rugido lejano del metro subterráneo
No despiertan a los muertos que duermen en
el estresuelo.

Romeo Romeo Julieta tiende la mano
Orfeo busca a Eurídice en vano por el pasillo
Pero el despertador suena y ya es mañana.

Y ya es tarde y ya es Paris-Soir
Y ya es el resultado de las carreras del destino
Y ya es el aperitivo que se toma en el mostrador.

El panadero distraído pega un ticket de pan
Tristán llama a Iseo pero Tristán pierde el tiempo
Y la Muerte bostezando se va dando tropiezos.

La Muerte se va Cuando se está muerto es por mucho
tiempo.
Pero yo tengo en mis brazos una muchacha dormida
A quien hago el amor como un pasatiempo.

Pero yo tengo en mis brazos una muchacha dormida.

121

OR TU PIE, LA BLANCURA MAS
BAILABLE,
donde cesa en diez partes tu hermosura,
una paloma sube a tu cintura,
baja a la tierra un nardo interminable.

Con tu pie vas poniendo la admirable
del nácar en ridícula estrechura,
y a donde va tu pie va la blancura,
pero sembrado de jazmín calzable.

A tu pie, tan espuma como playa,
arena y mar me arrimo y desarrimo
y al redil de su planta entrar procuro.

Entro y dejo que el alma se me vaya
por la voz amorosa del racimo:
pisa mi corazón que ya es maduro.

RAINER MARIA RILKE
(CHECOESLOVAQUIA)

CANCION DE AMOR

ómo tendré que conducir mi alma
para que no te toque? ¿Cómo alzarla
por encima de ti hasta otras cosas?
¡Cuánto quisiera que en oscuridad
se recogiese en un lugar de calma
y extraño, en un lugar
de algo perdido que no vibra en la hora,
en la que vibra tu profundidad!
Todo lo que a los dos nos ha tocado
nos coge juntos como un golpe de arco
que arranca de dos cuerdas una voz.
¿Qué instrumento nos presta su tensión?
¿Qué artista nos envuelve entre su mano?
¡Oh dulce canción!

GUILLAUME APOLLINAIRE
(FRANCIA)

EL CANTO DE AMOR

irad de qué está formado el canto sinfónico
del amor
Hay el canto del amor de antaño
El ruido de los besos desesperados de los
amantes ilustres
Los gritos de amor de las mortales violadas por los dioses
Las virilidades de los héroes fabulosos erigidas como
piezas contra aviones
El aullido precioso de Jasón
El canto mortal del cisne
Y el himno victorioso que los primeros rayos del sol han
hecho cantar a Memnón el impasible
Hay el grito de las sabinas en el momento del rapto
Hay también los gritos de amor de los felinos en las selvas
El sordo rumor de la savia ascendiendo en las plantas
tropicales
El trueno de las artillerías que cumplen el terrible amor
a los pueblos
Las olas del mar donde nacen la vida y la belleza
Y hay el canto de todo el amor del mundo.

UERON TUS MANOS TERCAS Y
DESNUDAS
las que me deshojaron.
Yo fui la eterna margarita
del sí y del no:
pétalo a pétalo
talada en tu cintura.
Toda ya cicatriz
abierta hacia la lluvia

ABSENT MINDED

 s a ti a quien llamaba desde el fondo de mi
infancia
Yo te veo regresar y tu mirada infinita
Cruza nuestra vida descubriendo el mañana
El que yo seré para llenar la ausencia

Siempre se puede ser dichoso
Cuando el futuro tiene los ojos azules

POLITICA

"En nuestra época el destino del hombre presenta su significado en términos políticos."

Thomas Mann

ómo puedo yo, estando ahí esa chica,
Fijar mi atención
En la política romana, rusa
O española?
Aunque aquí está un hombre experimentado
Que sabe qué es lo que dice
Y allí está un político
Que ha leído y meditado,
Y acaso lo que digan sea cierto
En cuanto a guerras y alarmas de guerra,
Pero, ¡ojalá yo fuera nuevamente joven
Y la tuviera entre mis brazos!

EN EL TRIGAL

De tanto oro se parten los granos
allí y allá manchas rojas de amapolas,
y en el trigal
una muchacha
con pestañas largas como las espigas de la malta
cosecha con las miradas el trigo claro del cielo y canta.

Yazgo bajo la sombra de algunas amapolas,
sin deseos, sin remordimientos, sin penas
y sin empeño, solamente cuerpo
y solamente arcilla.
Ella canta
y yo estoy escuchando.
En sus labios calientes me nace el alma.

ERNST RICHARD STADLER
(ALEMANIA)

AL ALBA

La silueta de tu cuerpo al alba está oscura ante la turbia luz
de corridas persianas. Acostado, siento tu rostro vuelto hacia mí como una imagen de la eucaristía.
Cuando te desprendiste de mis brazos, tu susurrar "tengo que irme" sólo alcanzó los más lejanos portales de mi sueño.
Ahora veo tu mano como a través de un velo, cómo ligeramente pasa la blusa blanca por los pechos. Las medias,
ahora después la falda, el pelo recogido. Ya eres otra mujer, una extraña ataviada para el mundo y el día.
Entreabro la puerta. Te beso. Tú devuelves, mientras avanzas, un adiós. Y te alejas.
Acostado de nuevo oigo cómo se pierde tu pisada suave por el hueco de las escaleras.
Vuelvo a estar encerrado en el aroma de tu cuerpo que, brotando de las almohadas, cálidamente invade mis sentidos.
Amanece aún más. Las cortinas ondulan. Un viento joven y un sol temprano quieren penetrar.
Se levantan los ruidos. Música del amanecer. Me duermo suavemente arrullado por sueños matutinos.

AME

 mé manidas palabras que ninguno
arriesgaba. La rima flor
amor,
la más antigua y difícil del mundo,
me encantó.

Amé la verdad que yace al fondo,
casi un sueño olvidado, que el dolor
revela amiga. Con temor
el corazón se le acerca,
que ya no la abandona.

Te amo a ti que me escuchas y a mi buena
carta dejada al término de mi juego.

LASSE SÖDERBERG
(SUECIA)

DESAYUNO CON YEMAYA

lla vestía un traje azul
remendado.
Llevaba una carterita trenzada.
A menudo reía.

Muchacha de Jacomino
con pechos redondos como pan,
dientes como azúcar, piel tan negra
como el café en la taza.

Hablaba de sus hermanas
—todas olas—
pero era en sus ondulantés brazos
donde me quería yo ahogar.

131

UNA JOVEN

l árbol ha entrado en mis manos,
la savia ha ascendido por mis brazos,
el árbol ha crecido en mi pecho,
las ramas
crecen fuera de mí, como brazos.

El árbol eres tú,
el musgo eres tú,
eres como violetas en el viento;
una niña —tan alta— eres;
y todo esto es locura para el mundo.

LA MUERTE DE LAURA

uando pavor y llanto terminaron,
tan sólo al bello rostro atentas todas,
por la desesperanza hechas inmunes,

tal no por fuerza llama que se apaga,
sino que por sí misma se consume,
en paz se fue el ánima contenta;

a modo de una suave y clara lumbre,
cuyo pábulo poco a poco falta,
luciendo hasta el final su amado rostro.

Pálida no, más blanca que la nieve
cuando en bella colina cae sin viento,
parece reposar cual ser rendido.

En sus hermosos ojos dormir suave,
el alma ahora de ella separada,
era lo que morir llaman los necios.

En su rostro, la muerte se hizo bella.

JEAN CAYROL
(FRANCIA)

HALLO RESPUESTA EN TU CUERPO

allo respuesta en tu cuerpo,
te defiendo, te envuelvo,
mojo mis palabras en tus labios
y tu cuerpo es como un gran resplandor
dormido.

Yo estoy ahí, desde el primer día,
mi inanimado racimo, mi puerta.
Estoy ahí golpeando con los pies en el patio,
alzando los ojos hacia unas muertas ventanas.

Oh mi secreta portada,
vivienda de caprichosos y castigados senos,
mi patio principal desierto en donde se complacen
el sol dulce, el sudor y el nido.

Yo tengo insomnio cuando tú duermes.

DEL PRINCIPE OMEYA MARWAN BEN ABD AL-RAHMAN AL-TALIQ «EL AMNISTIADO» (m. 1009)

LA HERMOSA EN LA ORGIA

Su talle flexible era una rama que se balanceaba sobre el montón de arena de su cadera, y de la que cogía mi corazón frutos de fuego.

Los rubios cabellos que asomaban por sus sienes dibujaban un *lam* en la blanca página de su mejilla, como oro que corre sobre plata.

Estaba en el apogeo de su belleza, como la rama cuando se viste de hojas.

El vaso lleno de rojo néctar, era entre sus dedos blancos, como un crepúsculo que amaneció encima de una aurora.

Salía el sol del vino, y era su boca el poniente, y el oriente la mano del copero, que al escanciar pronunciaba fórmulas corteses.

Y, al ponerse en el delicioso ocaso de sus labios, dejaba el crepúsculo en su mejilla.

DESPUES DE LA ORGIA

uando, llena de su embriaguez, se durmió, y se durmieron los ojos de la ronda.

Me acerqué a ella tímidamente, como el amigo que busca el contacto furtivo con disimulo.

Me arrastré hacia ella insensiblemente como el sueño: me elevé hacia ella dulcemente, como el aliento.

Besé el blanco brillante de su cuello; apuré el rojo de su boca.

Y pasé con ella mi noche deliciosamente, hasta que sonrieron las tinieblas, mostrando los blancos dientes de la aurora.

MIGUEL DE CERVANTES
(ESPAÑA)

CUANDO PRECIOSA EL PANDERETE TOCA...

uando preciosa el panderete toca,
y hiere el dulce son los aires vanos,
perlas son que derrama con las manos,
flores son que despide de la boca;

suspensa el alma, y la cordura loca
queda a los dulces actos sobrehumanos,
que, de limpios, de honestos y de sanos,
su fama al cielo levantando toca.

Colgadas del menor de los cabellos
mil almas lleva, y a sus plantas tiene
amor rendidas una y otra flecha.

Ciega y alumbra con sus soles bellos,
su imperio amor por ellos le mantiene,
y aun más grandezas de su ser sospecha.

EL RUISEÑOR DE SEVILLA

 i os partiérades al alba,
quedito, pasito, amor,
no espantéis al ruiseñor.

Si os levantáis de mañana
de los brazos que os desean,
porque en los brazos no os vean
de alguna envidia liviana,
pasad con planta de lana,
quedito pasito, amor,
no espantéis al ruiseñor.

AQUI HABLA DE COMO, POR NATURALEZA, LOS HOMBRES Y LOS DEMAS ANIMALES DESEAN LA COMPAÑIA DE LAS HEMBRAS

(Del LIBRO DEL BUEN AMOR)

omo dice Aristóteles, y es verdad,
el mundo trabaja por dos cosas: la primera,
para tener el sustento; la otra cosa es
para conseguir unión con hembra placentera.
Si lo dijera yo, se me podría culpar,
pero lo dice un gran filósofo y no se me puede censurar:
no debéis dudar de lo que dice el sabio,
porque él y sus palabras se prueban con hechos.
Se prueba claramente que el sabio dice verdad:
hombres, aves, animales y toda bestia de cueva,
quieren, por naturaleza, compañía siempre nueva,
y mucho más el hombre que cualquier ser que se mueva.
Digo que mucho más el hombre que otra criatura:
todas, por naturaleza, se juntan en determinadas épocas,
el hombre, con mal tino, en todas épocas sin medida,
siempre que puede quiere hacer esta locura.
El fuego siempre quiere estar entre la ceniza
porque más se consume cuanto más se le atiza:
el hombre, cuando peca, también ve que se desliza,

139

pero no se aparta de ello porque la naturaleza lo incita.
Y yo, porque soy hombre y, como tal, pecador,
sentí por las mujeres a veces gran amor;
el que probemos las cosas no es malo,
se conoce el bien y el mal y se escoge lo mejor.

PAUL FORT
(FRANCIA)

ES NECESARIO AMARSE

mémonos sin misterio, aquí, en la tierra, triunfantes.
No se ama en el cementerio. ¡Es preciso amarse antes! Mi
ceniza y tu ceniza las esparcirá la brisa.

141

CARLOS DRUMMOND DE ANDRADE
(BRASIL)

SENTIMENTAL

e pongo a escribir tu nombre
con letras de fideo.
En el plato la sopa se enfría, cubierta de
escamas,
y de bruces sobre la mesa todos contemplan
ese romántico trabajo.

Desgraciadamente falta una letra,
solamente una letra
para acabar tu nombre.

—¿Estás soñando? ¡Mire que se le enfría la sopa!

Yo estaba soñando…
Y hay en todas las conciencias un cartel amarillo:
"En este país está prohibido soñar".

ADIOS

diós, pues, ¿Nada olvidas? Está bien. Puedes
irte.
Ya nada más debemos decirnos... ¿Para qué?
Te dejo. Partir puedes. Pero aguarda un
momento...
Está lloviendo. Espera que deje de llover.

Abrígate. Está haciendo mucho frío en la calle.
Ponte capa de invierno. Y abrígate muy bien.
¿Todo te lo he devuelto? ¿Nada tuyo me queda?
¿Tu retrato te llevas y tus cartas también?

Por última vez, mírame. Vamos a separarnos.
Oyeme. No lloremos, pues, necedad sería...
Y qué esfuerzo debemos los dos hacer ahora
para ser lo que fuimos... lo que fuimos un día...

Se habían nuestras almas tan bien compenetrado,
y hoy de nuevo su vida cada cual ha tomado.
Con un distinto nombre por senda aparte iremos,
a errar, a vivir solos... Sin duda sufriremos.

Sufriremos un tiempo. Después vendrá el olvido.
Lo único que perdona. Tú, de mi desunida,
serás lo que antes fuiste. Yo, lo que antes he sido...
Dos distintas personas seremos en la vida.

Vas a entrar desde ahora por siempre en mi pasado;
tal vez nos encontremos en la calle algún día.
Te veré desde lejos con aire descuidado.
Y llevarás un traje que no te conocía.

Después pasarán meses sin que te vea. En tanto,
habrán de hablarte amigos de mí. Yo bien lo sé;
y cuando en mi presencia te recuerden, encanto
que fuiste de mi vida: «¿Cómo está?», les diré.

Y qué grandes creímos nuestros dos corazones.
¡Y qué pequeños! ¡Cómo nos quisimos tú y yo!
¿Recuerdas otros días? ¡Qué gratas ilusiones!
Y mira en lo que ahora nuestra pasión quedó.

¡Y nosotros, lo mismo que los demás mortales,
en promesas ardientes de tierno amor creyendo!
¡Verdad que humilla! ¿Todos somos acaso iguales?
¿Somos como los otros? Mira, sigue lloviendo.

¡Quédate! ¡Ven! No escampa. Y en la calle hace frío.
Quizá nos entendamos. Yo no sé de qué modo.
Aunque han cambiado tanto tu corazón y el mío,
tal vez al fin digamos: «¡No todo está perdido!»

Hagamos lo posible. Que acabe este desvío.
Vencer nuestras costumbres es inútil, ¿verdad?
¡Ven, siéntate! A mi lado recobrarás tu hastío,
Y volverá a tu lado mi triste soledad.

II
POEMAS DE DESAMOR

quel que camina una sola legua sin amor
camina amortajado hacia su propio funeral"

Walt Whitman

PABLO NERUDA
(CHILE)

TANGO DEL VIUDO

h Maligna, ya habrás hallado la carta, ya
habrás llorado de furia,
y habrás insultado el recuerdo de mi madre
llamándola perra podrida y madre de perros,
ya habrás bebido sola, solitaria, el té del
atardecer
mirando mis viejos zapatos vacíos para siempre,
y ya no podrás recordar mis enfermedades, mis sueños
nocturnos, mis comidas,
sin maldecirme en voz alta como si estuviera allí aún
quejándome del trópico, de los *coolíes corringhis*,
de las venenosas fiebres que me hicieron tanto daño
y de los espantosos ingleses que odio todavía.

Maligna, la verdad, qué noche tan grande, qué tierra tan
sola!
He llegado otra vez a los dormitorios solitarios,
a almorzar en los restaurantes comida fría, y otra vez
tiro al suelo los pantalones y las camisas,

147

no hay perchas en mi habitación, ni retratos de nadie en
    las paredes.
Cuánta sombra de la que hay en mi alma daría por
    recobrarte,
y qué amenazadores me parecen los nombres de los meses,
y la palabra invierno qué sonido de tambor lúgubre tiene.

Enterrado junto al cocotero hallarás más tarde
el cuchillo que escondí allí por temor de que me mataras,
y ahora repentinamente quisiera oler su acero de cocina
acostumbrado al peso de tu mano y al brillo de tu pie:
bajo la humedad de la tierra, entre las sordas raíces,
de los lenguajes humanos el pobre sólo sabría tu nombre,
y la espesa tierra no comprende tu nombre
hecho de impenetrables substancias divinas.

Así como me aflige pensar en el claro día de tus piernas
recostadas como detenidas y duras aguas solares,
y la golondrina que durmiendo y volando vive en tus ojos,
y el perro de furia que asilas en el corazón,
así también veo las muertes que están entre nosotros
    desde ahora,
y respiro en el aire la ceniza y lo destruido, el largo,
solitario espacio que me rodea para siempre.

Daría este viento de mar gigante por tu brusca respiración
oída en largas noches sin mezcla de olvido,
uniéndose a la atmósfera como el látigo a la piel del
    caballo.
Y por oírte orinar, en la oscuridad, en el fondo de la casa,
como vertiendo una miel delgada, trémula, argentina,
    obstinada,
cuántas veces entregaría este coro de sombras que poseo,

y el ruido de espadas inútiles que se oye en mi alma,
y la paloma de sangre que está solitaria en mi frente
llamando cosas desaparecidas, seres desaparecidos,
substancias extrañamente inseparables y perdidas.

DE TRILCE

e conocido a una pobre muchacha
a quien conduje hasta la escena.
La madre, sus hermanas qué amables y
también
aquel su infortunado "tú no vas a volver".

Como en cierto negocio me iba admirablemente,
me rodeaban de un aire de dinasta florido.
La novia se volvía agua,
y cuán bien me solía llorar
su amor mal aprendido.

Me gustaba su tímida marinera
de humildes aderezos al dar las vueltas,
y cómo su pañuelo trazaba puntos,
tildes, a la melografía de su bailar de juncia.

Y cuando ambos burlamos al párroco,
quebróse mi negocio y el suyo
y la esfera barrida.

AMOROSA ANTICIPACION

 i la intimidad de tu frente clara como una fiesta
ni la costumbre de tu cuerpo, aún misterioso
y tácito de niña,
ni la sucesión de tu vida asumiendo palabras o
silencios
serán favor tan misterioso
como mirar tu sueño implicado
en la vigilia de mis brazos.
Virgen milagrosamente otra vez por la virtud absolutoria
del sueño,
quieta y resplandeciente como una dicha que la
memoria elige,
me darás esa orilla de tu vida que tú misma no tienes.
Arrojado a quietud,
divisaré esa playa última de tu ser
y te veré por vez primera, quizá,
como Dios ha de verte,
desbaratada la ficción del Tiempo,
sin el amor, sin mí.

DIAS Y NOCHES TE HE BUSCADO

ías y noches te he buscado
Sin encontrar el sitio en donde cantas
Te he buscado por el tiempo arriba y por el
río abajo
Te has perdido entre las lágrimas.

Noches y noches te he buscado
Sin encontrar el sitio en donde lloras
Porque yo sé que estás llorando
Me basta con mirarme en un espejo
Para saber que estás llorando y me has llorado

Sólo tú salvas el llanto
Y de mendigo oscuro lo haces rey coronado por tu mano.

CARLOS DRUMMOND DE ANDRADE
(BRASIL)

CUADRILLA

oao amó a Teresa que amó a Raimundo
quien amó a María que amó a Joaquín quien
amó a Lilí
que no amó a ninguno.

Joao fue a Estados Unidos, Teresa a un convento,
Raimundo murió en un accidente, María perdió el chance,
Joaquín se mató a sí mismo y Lilí se casó con J. Pinto
                                                    Fernandes,
que no era del reparto original.

CESAR DAVILA ANDRADE
(ECUADOR)

DESPUES DE NOSOTROS

añana, después de nosotros,
volverá a la pradera, en dulce péndulo,
a recorrer la música, un delirante festival.

Las alcobas cerradas
pasarán cabeceando hacia los arrecifes
de una ancha rosa azul.

¿Quién mirará en silencio
cruzar por los cristales detenidos
las cosas que terminan con la lluvia?

¿Quién abrirá de noche la unánime
novela que se lee alma adentro,
para buscar el fuego de los días
en la ardorosa y blanca intimidad?

¿Y, quién verá en las noches de diciembre
salir, al través de las ventanas,
la música delgada de Franz Schubert
que, sollozando, cae en los jardines?

¡Ah, mañana, después de nosotros!

Cuando la primavera alce sus hojas,
qué luminosas potras de topacio
se empinarán de amor
sobre nuestros sepulcros apagados!

Sobre nosotros pasarán en junio
misas de punta azul y espuma blanca,
los gaseosos orfebres del crepúsculo
y el agua circular de las carretas
que marchan a cambiar largas hileras
de música con pensativas cosas.

Oh, si esta tierra inexorable
que hoy me cose los párpados, amada;
si esta tierra, al fin, se aclarara,
lloraría, temblando, sobre tus manos blancas
como cuando la fiebre me adelgazaba el alma...

¡Pero esta honda noche, se hace tarde!

Ah, y otra vez, errantes, los gitanos
volverán una tarde a nuestra aldea.
Sé que preguntarán por nuestras manos...
Les dirán que ya nadie puede leer en ellas,
que tenemos la línea de la vida
borrada por dos años de azucenas.

EL BESO

uando la muchacha le ofreció la boca
(Había vuelto la edad de la inocencia,
Ya no había en el árbol manzanas
envenenadas),
El sintió, por primera vez, que la vida era un
don fácil
De incalculables posibilidades.

¡Ay de él!
Todo fue pura ilusión de aquel beso.
Todo tornó a ser cautiverio, inquietud, perplejidad:

—En el mundo sólo había de verdaderamente libre
aquel beso.

IDILIO

Ella lo idolatró y El la adoraba...
    —¿Se casaron al fin?
  —No, señor, Ella se casó con otro.
    —¿Y murió de sufrir?
     —No, señor, de un aborto.
—Y El, el pobre, ¿puso a su vida fin?
—No, señor, se casó seis meses antes
del matrimonio de Ella, y es feliz.

ADIOS, PALOMA

e dices que muy pronto te irás... y me ha fregado
la tal noticia; como un sauce llorón
me quedaré, sublime carlista embotellado,
lejos de ti en la clásica ciudad de los "hot-
dogs..."

Te marchas, sí, te marchas y estoy tan desolado
por esa tu partida... que he roto el garrafón
del "wine"... Y ya al poker no haré nunca a tu lado
ni un "full", ni cuatro cartas, ni una escalera flor!...

Por eso ahora me tienes ceñudo y casi loco,
mordiéndome el ombligo, llorando a baba y moco...
Y cuando al fin te alejes feliz en un avión,

quizás desde un micrófono diré con alma y vida
lo que dijo aquel bardo romántico y suicida:
"Adiós, paloma blanca, paloma blanca, adiós"...

GONZALO ROJAS
(CHILE)

CUADERNO SECRETO

unes, de pronto el mar; el martes
desemboca en un parque; el miércoles
pierdes las flores; el jueves
somos hijos de Júpiter; el viernes
te quiero más; el sábado
te regalo el collar; el domingo
el reloj del andén,

y no llegas nunca.

LA VIBORA

Durante largos años estuve condenado a adorar
a una mujer despreciable
Sacrificarme por ella, sufrir humillaciones y
burlas sin cuento,
Trabajar día y noche para alimentarla y
vestirla,
Llevar a cabo algunos delitos, cometer algunas faltas,
A la luz de la luna realizar pequeños robos,
Falsificaciones de documentos comprometedores,
So pena de caer en descrédito ante sus ojos fascinantes.
En horas de comprensión solíamos concurrir a los parques
Y retratarnos juntos manejando una lancha a motor,
O nos íbamos a un café danzante
Donde nos entregábamos a un baile desenfrenado
Que se prolongaba hasta altas horas de la madrugada.

Largos años viví prisionero del encanto de aquella mujer
Que solía presentarse a mi oficina completamente desnuda
Ejecutando las contorsiones más difíciles de imaginar
Con el propósito de incorporar mi pobre alma a su órbita
Y, sobre todo, para extorsionarme hasta el último
centavo.

Me prohibía estrictamente que me relacionase con mi
   familia.
Mis amigos eran separados de mí mediante libelos
   infamantes
Que la víbora hacía publicar en un diario de su propiedad.
Apasionada hasta el delirio no me daba un instante de
   tregua,
Exigiéndome perentoriamente que besara su boca
Y que contestase sin dilación sus necias preguntas
Varias de ellas referentes a la eternidad y a la vida futura
Temas que producían en mí un lamentable estado de
   ánimo,
Zumbidos de oídos, entrecortadas náuseas,
   desvanecimientos prematuros
Que ella sabía aprovechar con ese espíritu práctico que
   la caracterizaba
Para vestirse rápidamente sin pérdida de tiempo
Y abandonar mi departamento dejándome con un palmo
   de narices.

Esta situación se prolongó por más de cinco años.
Por temporadas vivíamos juntos en una pieza redonda
Que pagábamos a medias en un barrio de lujo cerca del
   cementerio.
(Algunas noches hubimos de interrumpir nuestra luna
   de miel
Para hacer frente a las ratas que se colaban por la ventana).

Llevaba la víbora un minucioso libro de cuentas
En el que anotaba hasta el más mínimo centavo que yo
   le pedía en préstamo,
No me permitía usar el cepillo de dientes que yo mismo
   le había regalado

Y me acusaba de haber arruinado su juventud:
Lanzando llamas por los ojos me emplazaba a comparecer
    ante el juez
Y pagarle dentro de un plazo prudente parte de la deuda,
Pues ella necesitaba ese dinero para continuar sus estudios
Entonces hube de salir a la calle y vivir de la caridad
    pública,
Dormir en los bancos de las plazas,
Donde fui encontrado muchas veces moribundo por la
    policía
Entre las primeras hojas del otoño.
Felizmente aquel estado de cosas no pasó más adelante,
Porque cierta vez en que yo me encontraba en una plaza
    también
Posando frente a una cámara fotográfica
Unas deliciosas manos femeninas me vendaron de pronto
    la vista
Mientras una voz amada para mí me preguntaba: quién
    soy yo.
Tú eres mi amor, respondí con serenidad.
¡Angel mío, dijo ella nerviosamente,
Permite que me siente en tus rodillas una vez más!
Entonces pude percatarme de que ella se presentaba ahora
    provista de un pequeño taparrabos.
Fue un encuentro memorable, aunque lleno de notas
    discordantes:
Me he comprado una parcela, no lejos del matadero,
    exclamó,
Allí pienso construir una especie de pirámide
En la que podamos pasar los últimos días de nuestra vida.
Dispongo de un buen capital;
Dediquémonos a un negocio productivo, los dos, amor
    mío, agregó,

Lejos del mundo construyamos nuestro nido.
Basta de sandeces, repliqué, tus planes me inspiran
    desconfianza,
Piensa que de un momento a otro mi verdadera mujer
Puede dejarnos a todos en la miseria más espantosa.
Mis hijos han crecido ya, el tiempo ha transcurrido,
Me siento profundamente agotado, déjame reposar un
    instante,
Tráeme un poco de agua, mujer,
Consígueme algo de comer en alguna parte,
Estoy muerto de hambre,
No puedo trabajar más para ti,
Todo ha terminado entre nosotros.

EPIGRAMA

Te doy, Claudia, estos versos, porque tú eres
su dueña.
Los he escrito sencillos para que tú los
entiendas.
Son para ti solamente, pero si a ti no te
interesan,
un día se divulgarán tal vez por toda Hispanoamérica...
Y si el amor que los dictó, tú también lo desprecias,
otras soñarán con este amor que no fue para ellas.
Y tal vez verás, Claudia, que estos poemas,
(escritos para conquistarte a ti) despiertan
en otras parejas enamoradas que lo lean
los besos que en ti no despertó el poeta.

164

LOS AMOROSOS

Los amorosos callan.
El amor es el silencio más fino,
el más tembloroso, el más insoportable.
Los amorosos buscan,
los amorosos son los que abandonan,
son los que cambian, los que olvidan.
Su corazón les dice que nunca han de encontrar,
no encuentran, buscan.

Los amorosos andan como locos
porque están solos, solos, solos,
entregándose, dándose a cada rato,
llorando porque no salvan el amor.
Les preocupa el amor. Los amorosos
viven al día, no pueden hacer más, no saben.
Siempre se están yendo,
siempre, hacia alguna parte.
Esperan,
no esperan nada, pero esperan.
Saben que nunca han de encontrar.
El amor es la prórroga perpetua,
siempre el paso siguiente, el otro, el otro.
Los amorosos son los insaciables,
los que siempre —¡qué bueno!— han de estar solos.

165

Los amorosos son la hidra del cuento.
Tienen serpientes en lugar de brazos.

Las venas del cuello se les hinchan
también como serpientes para asfixiarlos.
Los amorosos no pueden dormir
porque si duermen se los comen los gusanos.

En la oscuridad abren los ojos
y les cae en ellos el espanto.

Encuentran alacranes bajo la sábana
y su cama flota como sobre un lago.

Los amorosos son locos, sólo locos,
sin Dios y sin diablo.

Los amorosos salen de sus cuevas
temblorosos, hambrientos,
a cazar fantasmas.
Se ríen de las gentes que lo saben todo,
de las que aman a perpetuidad, verídicamente,
de las que creen en el amor como en una lámpara de
    inagotable aceite.

Los amorosos juegan a coger el agua,
a tatuar el humo, a no irse.
Juegan el largo, el triste juego del amor.
Nadie ha de resignarse.
Dicen que nadie ha de resignarse.
Los amorosos se avergüenzan de toda conformación.

Vacíos, pero vacíos de una a otra costilla,
la muerte les fermenta detrás de los ojos,
y ellos caminan, lloran hasta la madrugada
en que trenes y gallos se despiden dolorosamente.

Les llega a veces un olor a tierra recién nacida,
a mujeres que duermen con la mano en el sexo,
    complacidas
a arroyos de agua tierna y a cocinas.
Los amorosos se ponen a cantar entre labios
una canción no aprendida.
Y se van llorando, llorando
la hermosa vida.

OLGA OROZCO
(ARGENTINA)

NO HAY PUERTAS

on arenas ardientes que labran una cifra de
fuego sobre el tiempo,
con una ley salvaje de animales que acechan
el peligro desde su madriguera,
con el vértigo de mirar hacia arriba,
con tu amor que se enciende de pronto como una lámpara
en medio de la noche,
con pequeños fragmentos de un mundo consagrado para
la idolatría,
con la dulzura de dormir con toda tu piel cubriendo el
costado del miedo,
a la sombra del ocio que abría tiernamente un abanico
de praderas celestes,
hiciste día a día la soledad que tengo.

Mi soledad está hecha de ti.
Lleva tu nombre en su versión de piedra,
en un silencio tenso donde pueden sonar todas las
melodías del infierno;

camina junto a mí con tu paso vacío,
y tiene, como tú, esa mirada de mirar que me voy más
    lejos cada vez,
hasta un fulgor de ayer que se disuelve en lágrimas, en
nunca.

La dejaste a mis puertas como quien abandona la heredera
    de un reino del que nadie sale y al que jamás se vuelve.
Y creció por sí sola,
alimentándose con esas hierbas que crecen en los bordes
    del recuerdo
y que en las noches de tormenta producen espejismos
    misteriosos,
escenas con que las fiebres alimentan sus mejores
    hogueras.

La he visto así poblar las alamedas con los enmascarados
    que inmolan el amor
—personajes de un mármol invencible, ciego y absorto
    como la distancia—
o desplegar en medio de una sala esa lluvia que cae junto
    al mar,
lejos, en otra parte,
donde estarás llenando el cuenco de unos años con un
    agua de olvido.
Algunas veces sopla sobre mí con el viento del sur
un canto huracanado que se quiebra de pronto en un
    gemido en la garganta rota de la dicha,
o trata de borrar con un trozo de esperanza raída
ese adiós que escribiste con sangre de mis sueños en todos
    los cristales
para que hiera todo cuanto miro.

Mi soledad es todo cuanto tengo de ti.
Aúlla con tu voz en todos los rincones.
Cuando la nombro con tu nombre
crece como una llaga en las tinieblas.

Y un atardecer levantó frente a mí
esa copa del cielo que tenía un color de álamos mojados
    y en la que hemos bebido el vino de eternidad de
    cada día,
y la rompió sin saber, para abrirse las venas,
para que tú nacieras como un dios de su espléndido duelo.
Y no pudo morir,
y su mirada era la de una loca.

Entonces se abrió un muro
y entraste en este cuarto con una habitación que no tiene
    salidas
y en la que estás sentado, contemplándome, en otra
    soledad semejante a mi vida.

170

ANTONIO CISNEROS
(PERU)

CUATRO BOLEROS MAROQUEROS

1

on las últimas lluvias te largaste
y entonces yo creí
que para la casa más aburrida del suburbio
no habrían primaveras
ni otoños ni inviernos ni veranos.

Pero no.

Las estaciones se cumplieron
como estaban previstas en cualquier almanaque
Y la dueña de la casa y el cartero
no me volvieron a preguntar
por ti.

2

Para olvidarme de ti y no mirarte
miro el viaje de las moscas por el aire

Gran Estilo
Gran Velocidad
Gran Altura.

171

3

Para olvidarte me agarro al primer tren y salgo al campo
Imposible
Y es que tu ausencia
tiene algo de Flora de Fauna de Pic Nic.

4

No me aumentaron el sueldo por tu ausencia
sin embargo
el frasco de Nescafé me dura el doble
el triple las hojas de afeitar.

ROBERTO FERNANDEZ RETAMAR
(CUBA)

HOY ERES MENOS

lguien que ha estado tratando de olvidarte,
Y a cuya memoria, por eso mismo,
Regresabas como la melodía de una canción de
moda
Que todos tararean sin querer,
O como la frase de un anuncio o una consigna;
Alguien así, ahora,
Probablemente
(Seguramente) sin saberlo,
Ha empezado, al fin, a olvidarte.

Hoy eres menos.

TANGO FINAL

l ruido del trapo de fregar el piso
sucio de vino y de papeles estrujados
tu voz insultando a alguien en el cuarto
tu voz insultando siempre a alguien
¡Ménade pálida!
yendo por la casa como un ser en cólera
y el sonido del agua en el balde cayendo sola!
Todo esto forma la atmósfera misma del lugar
que cada día uno de los dos decide abandonar
lugar amarillo devastado
que ya no es más la estación del amor
Y el vocablo que va del uno al otro
tampoco es más el signo de un conflicto
sino el eco de la memoria lastimada
del pasado en ruinas
la letra muerta de una derrota que nos obsesiona
y el olvido que espera
que exige ser creído
levantando entre nosotros indisolublemente el exilio otra
vez

El antiguo infortunio
el miedo también
de habernos desamparado voluntariamente de tal modo

que no exista el pasado
con su cortejo de esperanzas frágiles
el "envejeceremos juntos"
o el "iremos a otro lugar donde sea más fácil vivir"
la rampa de ilusiones
remontándose a cada uno
envuelto en el pequeño capullo de seda de un sueño...
Cuando me preguntas quién se ha interpuesto entre
     nosotros te digo que te equivocas
de bruces desde el suelo desde el bando de los acribillados
te explico
y angustiosamente busco tu rostro
tu voz tal como la oí
En la oscuridad crecen tus ojos
con esa luz cercana a las lágrimas que pueden tener tus
     ojos de alga
ráfaga brillante que me persigue
de la que continuamente huyo para no ser absorbido en
     su asombro
Pero es que se trata del olvido ¿realmente?
¿de la catástrofe del yo?
del asesinato del otro en la conciencia
de esa oscura vocación de muerte agazapada traidoramente
     en Eros
bajo los poderes que lo designan y lo retienen...
¿Se podría regresar entonces
se podría cruzar impunemente el umbral de esa puerta
hacer girar la llave de esa prisión
sin edificio
en donde da vueltas sin fin?
Sólo entonces sabrías a dónde vas tan distraídamente
con tu casco de guerrera empenachado
tú que tomaste para ti todo el heroísmo y el peligro

de decir "olvídame"
la palabra tabú
la contraseña de las ruinas
la palabra que habría que maldecir...

Escucha:
(Pero hubiera sido necesario detener para saber esto:)
Nuestro pie ha encontrado el último escalón
hacia ese país sin salida donde no hay cielo
País eterno cubierto de un hielo definitivo
a donde el amor va a sacudir sus cenizas
sin contacto sin eco
¡la tierra más desnuda entre la matriz y la tumba!

ue tanto y tanto amor se pudra, oh dioses:
que se pierda
tanto increíble amor.

Que nada quede amigos,
de esos mares de amor,
de estas verduras pobres de las eras
que las vacas devoran
lamiendo el otro lado del césped,
lanzando a nuestros pastos
las manadas de hidras y langostas
de sus lenguas calientes.

Como si el verde pasto celestial,
el mismo océano, salado como arenque,
hirvieran.
Que tanto y tanto amor
y tanto vuelo entre unos cuerpos
al abordaje apenas de su lecho se desplome.

Que una sola munición de estaño luminoso,
una bala pequeña,
un perdigón inocuo para un pato,
derrumbe al mismo tiempo todas las bandadas
y desgarre el cielo con sus plumas.

177

Que el oro mismo estalle sin motivo.
Que un amor capaz de convertir al sapo en rosa
se destroce.

Que tanto y tanto, una vez más, y tanto,
tanto imposible amor inexpresable,
nos vuelva tontos, monos sin sentido.

Que tanto amor queme sus naves
antes de llegar a tierra.

Es esto, dioses, poderosos amigos, perros,
niños, animales domésticos, señores,
lo que duele.

✦✦✦ LUIS ROGELIO NOGUERAS ✦✦✦
(CUBA)

EL ULTIMO CASO DEL INSPECTOR

E l lugar del crimen
no es aún el lugar·del crimen:
es sólo un cuarto en penumbras
donde dos sombras desnudas se besan.

El asesino
no es aún el asesino:
es sólo un hombre cansado
que va llegando a su casa un día antes de lo previsto,
después de un largo viaje.

La víctima
no es aún la víctima:
es sólo una mujer ardiendo
en otros brazos.

El testigo de excepción
no es aún el testigo de excepción:
es sólo un inspector osado
que goza de la mujer del prójimo
sobre el lecho del prójimo.

El arma del crimen
no es aún el arma del crimen:
es sólo una lámpara de bronce apagada,
tranquila, inocente
sobre una mesa de caoba.

MUSICA LENTA

ara que tú entres,
a veces de tristeza, el corazón se me abre.

Como una puerta tímida,
para que tú entres, el corazón se me abre.

Pero tú no vienes,
no vuelas más sobre los campos.

En vano mi corazón
a la ventana de su dolor se asoma.
Pasas de largo,
como si el viento
soplase sólo para allá.

Pasa la mañana y no viene la tarde.
Y el corazón se me cierra,
como una mano sin nadie, el corazón se me cierra.

MADAME BOVARY

mma te equivocaste
cuando saliste de tu casa en un carruaje con grandes
ruedas que corrían hacia atrás como en las
películas del Oeste
porque tu soledad era algo que debía ser solamente tuyo
y porque era fatal que
nadie te comprendiera en ese pueblo de provincias
ni siquiera tu marido
el pobre hombre gris herido de tu amor
Bueno no me hables ahora de tus taquicardias
o de los vestidos con enaguas y encajes
déjame explicarte
que me conduelo solàmente
porque te perseguían furiosamente
los vecinos ineptos en el juego
de tu corazón virgen
y tu siglo era un cambio
lentamente mirado a través de las celosías
de la villa
más bien ponte el anillo o los collares de los hippies
y piensa en Carnaby Street en cómo lograr la infidelidad
sin que tengas que recurrir a tu conciencia

de pobre muchacha provinciana
Yo pienso que buscabas saber solamente
cómo te desnudarían los otros
y estos otros cretinos te traicionaron Emma
Dame la mano no llores más
quédate en silencio
y escuchemos juntos estos discos de los Beatles

ALICIA TORRES
(VENEZUELA)

HELENA

xisten algunas aves de rapiña
que en su voracidad limpian el paisaje
de la carroña que la tierra no acoge
por su dureza.

Mírate, amor,
en el altiplano reseco de tus días
(soy la rosa envenenada del jardín)
y respira profundo sorprendiéndote
con el olor descompuesto
de una debilidad que te merma la calma
(soy la medida perfumada de tu culpa)
Mírame ahora caer en picada
—piadosa y bella—
sobre tus restos.

MANUEL RUANO
(ARGENTINA)

CANZO

ué del amor hiciste?
¿Y qué dulces versos recibiste,
criatura,
que Manuel no te cantara?
Si su pasión heriste hasta
el amanecer.
¿Qué diabólica saliente de él
no trabajó sobre ti?
Ya no lees a Henry Miller,
ni escuchas a Joao Gilberto.
Ahora, perra, ¿qué has hecho
que de Manuel ya te has ido?
¿qué fiera de calor y de gemidos,
pretendes olvidar?

AJEDREZ

orque éramos amigos y, a ratos, nos
amábamos;
quizá para añadir otro interés
a los muchos que ya nos obligaban
decidimos jugar juegos de inteligencia.

Pusimos un tablero enfrente
equitativo en piezas, en valores,
en posibilidad de movimientos.
Aprendimos las reglas, les juramos respeto
y empezó la partida.

Henos aquí hace un siglo, sentados,
meditando encarnizadamente
cómo dar el zarpazo último que aniquile
de modo inapelable y, para siempre, al otro.

MARIA MERCEDES CARRANZA
(COLOMBIA)

POEMA DE AMOR

A fuera el viento, el olor metálico de la calle.
Ya adentro, va dejando todo lo que lleva encima,
primero la cartera y la sonrisa;
se deshace de las caras que ese día ha visto,
los desencuentros, la paz fingida,
el sabor dulzarrón del deber cumplido.
Y se desviste como para poder tocar
toda la tristeza que está en su carne.
Cuando se encuentra desnuda
se busca, casi como un animal se olfatea,
se inclina sobre ella y se acecha;
inicia una larga confidencia tierna,
se pide respuestas, tal vez tiene la mirada turbia;
separa las rodillas y como una loba se devora.
Afuera el viento, el olor metálico de la calle.

ELLAS ESCRIBEN CARTAS DE AMOR

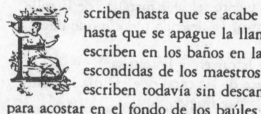 scriben hasta que se acabe la luz
hasta que se apague la llamita.
escriben en los baños en las oficinas
escondidas de los maestros y de las ratas.
escriben todavía sin descanso
para acostar en el fondo de los baúles
cositas muertas las letras pegadas al papel
la sofisticación de las palabras
que quisieron hacer
alguna travesía nunca exacta.
ellas escribien cartas de amor con preámbulos
papelitos puestos una y otra vez
de manera diferente
lanzados desde el globo de la astucia como una queja
desde el hospital desde el castillo
donde aparecen las sombras que no pudieron asirse.
con tanto temor con bajar de un pedestal húmedo
sonámbulas ellas escriben
sin otra técnica que un corazón ligeramente corrompido
con las feroces garras de los años sin acontecimientos
arrancando un deseo profanado por la máquina de escribir
por la tinta azul petrificada en las noches de espera
ellas escriben para convencer a alguien

para convencer a una sola persona
que tal vez no ha venido
o se ha perdido definitivamente
entre la multitud.

JUAN MANUEL ROCA
(COLOMBIA)

DIAS COMO AGUJAS

Estoy tan sólo, amor, que a mi cuarto
Sólo sube, peldaño tras peldaño,
La vieja escalera que traquea.

XENIA

e bajado dándote el brazo, un millón al menos
de escaleras
y ahora que no está hay un vacío en cada
escalón.
Hasta en esto ha sido corto nuestro largo viaje.
El mío dura todavía, y ya no me atañen
los enlaces, las reservas,
las mentiras, los bochornos de quien creer
que la realidad es la que se ve.

He bajado millones de escaleras dándote el brazo
y no porque con cuatro ojos quizás se vea más.
Contigo las he bajado porque sabía que de los dos
las únicas pupilas verdaderas, aunque tan apagadas
eran las tuyas.

GILBERT LELY
(FRANCIA)

LA BRUJA JOVEN

Tu amor me espanta como la Edad Media.
Llamas a puertas horrorosamente bellas.
Ya se impacientan los inquisidores, los
verdugos
disfrazados de obreros o estudiantes
extranjeros
que te roen, te hurgan, descuartizan...
Tú Te Abres.
Mañana harás que se levanten patíbulos.

CANCION

Heme aquí, heme aquí, adorada de antes!
La tristeza de tu jardín me conoció.

Heme aquí, la mi antigua, la muy hermosa amante,
la muy dulce, que al verme no me reconoció.

A la luz de las lámparas de tantos, tantos años
en mi tan largo viaje, soñando me verías...
¡Ah, tu rostro, mi Annie, cómo lo encuentro extraño
a la luz de las lámparas de los pasados días!

Treinta años han girado las ruedas y los tornos
y los días de otrora se han quedado dormidos
de las ruedas y tornos al monótono ruido...
¡Y heme aquí amor de antes, heme aquí que retorno!

—¿Pero es verdad, sois vos, adorado, sois vos?
¡Pronto, el espejo donde sólo es vieja la tarde!
¡Pronto, el bello vestido de colores de adiós!
¡No quiero que el amado que retorna, me aguarde!

—Es gris, oh muy querida, tu vestido de ayer.
De colores de adiós no queda ni el reflejo
y tu espejo está blanco, oh mi antiguo querer;
y tu rostro está viejo.

Lo que ahora lloramos no volverá jamás.
¡Adiós, adiós, oh mi pensativa de antaño!
¿Qué haría quedándome ahora un poco más?
Las ruedas y los tornos han girado treinta años...

TU DOLOR PASEA POR EL LAGO

u dolor pasea por el lago sus cuervos,
tu bello dolor de melodiosas caderas,
¿qué arroja a la sombra de los cuervos
en el fondo del agua?

Si yo fuera el cazador oculto en el rosal silvestre,
¿sobre quién tirar, amada mía?
¿sobre los cuervos del aire o los del agua,
o sobre tu llanto que cantar siempre oigo?

H

odas las monstruosidades violan los gestos atroces de Hortensia. Su soledad es la mecánica erótica; su lasitud, la dinámica amorosa. Vigilada por una infancia, ha sido, en épocas numerosas, la ardiente higiene de las razas. Su puerta está abierta a la miseria. Allí, la moralidad de los seres actuales se descorporiza en su pasión o en su acción.

—Oh terrible escalofrío de los amores novicios sobre el suelo ensangrentado y luminoso de hidrógeno! — encontrad a Hortensia.

FEDERICO GARCIA LORCA
(ESPAÑA)

CANCION

yo te daba besos
sin darme cuenta
de que no te decía:
¡Oh labios de cereza!

¡Qué gran romántica
eras!

Bebías vinagre a escondidas
de la abuela.
Te pusiste como una
celinda de primavera.
Y yo estaba enamorado
de otra. ¿No ves qué pena?
De otra que estaba escribiendo
un nombre sobre la arena.

SE ACABA EL DIA...

I

e acaba el día y desciende la frescura...
Bebe el calor de mi mano,
mi mano tiene la misma sangre que la
primavera.
Toma mi mano, toma mi brazo blanco,
toma el deseo de mis frágiles hombros...
Sería tan maravilloso, tan extraño sentir,
una sola noche, una noche como ésta,
el peso de tu cabeza contra mi pecho.

II

Arrojaste la rosa roja de tu amor
en mi blanco seno;
aprieto en mis ardientes manos
la rosa roja de tu amor, la rosa que pronto
se marchita...
¡Oh emperador de fríos ojos!,
acepto la corona que me tiendes,
es tan pesada que la cabeza se me inclina sobre
el corazón...

III

Hoy he visto a mi dueño por vez primera;
temblorosa, en seguida lo he reconocido.
Ahora ya siento su pesada mano sobre mi brazo
    ligero...
¿Dónde está mi risa clara de doncella,
mi libertad de mujer de erguida cabeza?
Ahora ya siento la presión de sus brazos
en torno de mi cuerpo estremecido,
y oigo el duro sonido de la realidad
contra mis sueños rosas, rosas...

IV

Buscabas una flor
y hallaste un fruto.
Buscabas una fuente
y hallaste un mar.
Buscabas una mujer
y hallaste un alma:
estás desencantado.

LA HOJA MUERTA

o recuerdas, amada? Vimos desvanecerse el
día de nuestro amor en un parque cerrado.
Tú me habías dicho «adiós», con la cabeza,
apenas; y yo te respondí, creo, con una
sonrisa.
Una hoja muerta, entonces, volaba en nuestras almas.
Sobre los negros hierros roídos de la verja, yo tocaba
la lira.
Y eso fue todo... Era la hora del crepúsculo, cuando se
va el amor, y se van las estatuas.

200

BENGT JAHNSSON
(SUECIA)

LA MUJER FIEL

ecesitas
el más cálido lecho
y el más hermoso amante
y la alcoba más pequeña.

Tu amor
se romperá en pedazos brutalmente.
Tus tiernas líneas de canciones
se desvanecerán por su aliento
de humo de tabaco
en ésta la más pequeña alcoba.

Pues en ésta la más pequeña alcoba
vivirás
bajo él
serás humus y tierra tan suave
que crea
que es verano.

LA PARTIDA
DE LOS AMANTES

os flores crecieron en un mismo jardín
Azul jacinto, rosa roja
El jacinto se marchó
La rosa quedó sola
El jacinto envió un mensaje
"¿Cómo estás, mi amor?"
La rosa repuso
"Si el cielo fuera una hoja de papel
Y el bosque de lápices
El mar negro de tinta
Si fuera a escribir durante tres años
No podría escribirte mi pena"

COMUNMENTE ES ASI

l amor le es dado a cualquiera
pero...
entre el empleo,
el dinero y demás,
día tras día,
endurece el subsuelo del corazón.
Sobre el corazón llevamos el cuerpo,
sobre el cuerpo la camisa,
pero esto es poco.
Sólo el idiota,
se pone los puños,
y el pecho lo cubre de almidón.
De viejos se arrepientes.
La mujer se maquilla.
El hombre hace ejercicios con sistema Müller,
pero ya es tarde.
La piel multiplica sus arrugas.
El amor florece,
florece,
y después se deshoja.

ANNA AJMATOVA
(RUSIA)

HOY NO ME HAN TRAIDO CARTAS

oy no me han traído cartas:
ha olvidado escribirme, o ha partido;
la primavera como un gorjeo de risa argentina
mece a los navíos en el golfo.
Hoy no me han traído cartas.

El estuvo conmigo hace poco,
tan mío, tan amante y tierno.
Pero esto era en invierno y ahora
es primavera y su tristeza me envenena.
El estuvo conmigo hace poco...

Yo escucho: el arco ligero y tenso
como un anuncio de muerte se quiebra, se quiebra,
y brutalmente el corazón me parte.
No he de acabar estas tiernas palabras...

204

EL TAXI

uando me voy de ti
el mundo golpea muerto,
como un tambor desinflado.
Te he llamado contra las salientes estrellas,
grité por ti en las aristas del viento.
Las calles vienen rápidas,
una tras otra,
como cuñas entre tú y yo;
las lámparas de la ciudad punzan mis ojos.
¿Por qué te dejaría,
para herirme yo misma contra los agudos filos de la noche?

ENCUENTRO

Por qué te contemplo? ¿Por qué te toco? ¿Qué busco en ti, mujer,
Que he de apresurarme para estar contigo una vez más?
¿Por qué debo sondear nuevamente tu nada abisal
Y extraer nada más que dolor?

Fijamente, fijamente miro tus ojos acuosos; pero no quedo más convencido
Ahora que alguna otra vez
De que sólo son dos espejos que reflejan la pálida luz del firmamento,
Eso y nada más.

Y aprieto mi cuerpo contra tu cuerpo como si esperara abrirme una brecha
Directamente a otra esfera;
Y me esfuerzo por hablar contigo con palabras más allá de mi palabra,
En las que todas las cosas son claras;

Hasta que exhausto me hundo una vez más en tu nada abisal

Y la fría nada de mí:
Tú, riendo y llorando en este cuarto ridículo
Con tu mano sobre mi rodilla;

Llorando porque me crees perverso y desdichado; y riendo
Por hallar nuestro amor tan extraño;
Con la vista mutuamente clavada en una última esperanza,
ciega y desesperada,
De que el mundo entero cambie.

DESNUDO

quí, en el desorden de la pieza
entre los libros llenos de polvo
y los retratos de viejos,
entre el sí y el no de tantas sombras,
una columna de luz inmóvil
aquí, en este lugar
donde una noche te habías desnudado.

SAINT-POL-ROUX
(FRANCIA)

CARICIAS

(Fragmento)

s el esposo, es la esposa; son dos, pero que se cambie una caricia entre esta rosa y este manzano, y ya serán tres.
Una caricia más, y serán cuatro.
Una más, y serán cinco.
Y serán siete.
Y sería el mundo entero, si el amor no cediera su plaza
a la amistad.

209

≈≈≈≈ ROBERT LOWELL ≈≈≈≈
(ESTADOS UNIDOS)

"PARA HABLAR DEL INFORTUNIO QUE HAY EN EL MATRIMONIO"

"Son las generaciones futuras que arremeten hacia la existencia por
intermedio de estos sentimientos exuberantes y estas burbujas de
jabón supersensibles que somos."

Schopenhauer

 a noche calurosa nos hace dejar abiertas las
ventanas de nuestro dormitorio.
Florece nuestra magnolia. La vida empieza a
suceder.
Mi marido excitado abandona sus discusiones
caseras
y sale a callejear en busca de prostitutas,
cruzado sin cruz que va por el filo de la navaja.
Este chiflado sería capaz de matar a su mujer y, después,
jurar que es abstemio
Oh la monótona mezquindad de su lujuria...
Es la injusticia... él es tan injusto:
cegado por el whisky, para llegar a las cinco
fanfarroneando a casa.
Mi único pensamiento es cómo conservar la vida.
¿Qué lo excita? Ahora todas las noches me ato
diez dólares y su llave del auto a mi muslo...
Azuzado por el climaterio de su privación,
se atasca encima de mí como un elefante".

INTIMOS

o te interesa mi amor? —me preguntó con
amargura.
Le pasé el espejo y le dije:
¡Tenga a bien dirigirle esas preguntas a quien
corresponda!
¡Tenga a bien formular todos sus pedidos a la central!
¡En todos los asuntos de importancia emotiva,
tenga a bien entenderse directamente con la autoridad
suprema!
De modo que le pasé el espejo.
Y ella me lo hubiera partido en la cabeza
pero se fijó en su reflejo
y esto la mantuvo fascinada durante dos segundos
mientras yo huía.

RECUERDO DE MARIA A.

Aquel día en el mes azul de setiembre,
silencioso bajo un joven árbol de ciruelo,
sostuve ese amor pálido y tranquilo
en mis brazos como un hermoso sueño.
Y sobre nosotros, en un cielo de verano bello,
había una nube, que contemplé largamente,
era muy alta y estaba muy arriba,
y cuando levanté los ojos, ya no estaba más.

Desde aquel día, muchos, muchísimos meses
pasaron nadando en el silencio,
los ciruelos fueron ciertamente talados,
y me preguntas: ¿Qué pasa con el amor?
Te digo entonces: no puedo recordarme.
Y con todo, sé bien lo que quieres decir.
Pero su rostro, en verdad, no lo recuerdo,
aunque sólo sé que una vez lo besé.

Y también el beso, hace mucho lo hubiera olvidado,
si la nube no hubiera estado allí,
a ella la conozco y siempre la conoceré,
era muy blanca y vino desde arriba.

Quizás los ciruelos sigan floreciendo,
y quizás esa mujer tenga ahora su séptimo hijo,
pero aquella nube floreció unos minutos solamente,
y cuando levanté los ojos, se perdió en el viento.

DORA WILLIAMS

uando Reuben Pantier se escapó, abandonándome
fui a Springfield. Allí conocí a un pródigo
cuyo padre acababa de morir dejándole una fortuna.
Se casó conmigo borracho. Mi vida fue calamitosa.
Pasó un año, y un día lo encontraron muerto.
Eso me hizo rica. Me trasladé a Chicago.
Tiempo después conocí a Tyler Rountree, un canalla.
Me mudé a Nueva York. Un magnate de cabellos grises
perdió la cabeza por mí; otra fortuna.
Sabéis, una noche se murió en mis brazos.
(Por años seguí viendo después su rostro amoratado.)
Fue casi un escándalo. Me alejé,
esta vez a París. Por entonces ya era una mujer
insidiosa, artera, conocedora del mundo, y rica.

Mi elegante departamento cerca de Champs Elysées
convirtióse en el centro de toda clase de gente:
músicos, poetas, dandies, nobles,
donde hablábamos francés y alemán, italiano, inglés.
Me casé con el conde Navigato, de Génova.
Nos fuimos a Roma. Me envenenó, creo.

214

Ahora, en el camposanto que domina el mar
donde el joven Colón soñó con nuevos mundos,
mirad lo que han grabado: *Condesa Navigato
Implora eterna quiete.*

LA DESPEDIDA

De nuevo confiabas, desconfiabas de nuevo,
cuando
bajo las construcciones de hierro y de cristal
se hizo el tren:
con los golpes de sus ruedas
traspasaba la desesperación.

La locomotora
arrastraba tu pena larga y pesada.

En la ligera luz de las lámparas tempranas
el mundo se hizo extraño,
lejano, débil
en las lágrimas, rotas sordamente.
Tu forma era de niebla y de viento.
Entre nosotros se estableció la lejanía.

Y me rozó el adiós de la palma de tu mano,
de la palma del aire.

FRANCISCO BRINES
(ESPAÑA)

LA CERRADURA DEL AMOR

Soluciona la noche con monedas:
pagas así la cama.
Mas aquello por lo que tanto dieras
(o quizás dieras poco):
la promesa del cielo (que es lo eterno)
o esta vida final (el desengaño),
por el amor lo dieras casi todo.
   Mas si lo ves venir aguarda altivo
porque el don que te llega lo mereces.
No le opongas dureza, mas que llame
a la puerta cerrada. No te fíes
de la belleza de un semblante joven,
y escruta su mirada con la tuya;
ayude la experiencia de los años
para tocar el alma. Si algo sabes
debe servirte mucho en esas horas.
Puede que, a quien esperas, le despidas,
y te quedes más solo.
Mas el amor no pagues con monedas,
no mendigues aquello que mereces.

217

NO HAY AMOR FELIZ

Nada es adquirido nunca por el hombre Ni
su fuerza
Ni su debilidad ni su valor Y cuando cree
Abrir sus brazos su sombra es la de una cruz
Y cuando cree abrazar su dicha la tritura
Su vida es un extraño y doloroso divorcio

No hay amor feliz

Su vida se asemeja a esos soldados sin armas
Que se habían vestido para otro destino
De qué puede servirles levantarse temprano
Si a la noche se les halla desarmados vacilantes
Decid estas palabras Mi vida Y contener las lágrimas

No hay amor feliz

Mi bello amor mi querido amor mi dolor profundo
Conmigo te llevo igual que un pájaro herido
Y aquéllos sin saberlo nos ven pasar
Y tras de mí repiten las palabras que fui trenzando
Y que por tus grandes ojos murieron enseguida

No hay amor feliz

El tiempo de aprender a vivir está ya tan lejos
Que en la noche lloran nuestros corazones unidos
La desgracia requerida para la canción sencilla
La tristeza requerida para un estremecimiento
El sollozo requerido para un son de guitarra

No hay amor feliz

No hay amor que no sea al mismo tiempo dolor
No hay amor que no esté unido al martirio
No hay amor que no cause una herida
Y lo mismo que el tuyo el amor de la patria
No hay amor que no viva de llantos

No hay amor feliz
Pero es nuestro amor

219

AMORES

Juana,
   tú a quien no sé dónde hallar y que no leerás
   este libro,
   tú que has vituperado siempre a los escritores
pequeñas gentes, mezquinos, faltos de verdad, vanidosos,
tú para quien Henri Michaux se ha vuelto quizá un
   nombre propio, semejante en todo a los que vemos
   en las crónicas policiales, acompañados con el detalle
   de la edad y de la profesión,
tú que compartes otras amistades, otras llanuras, otros
   hálitos
y por quien sin embargo me había enemistado con toda
   una ciudad, capital de un país numeroso
y que al partir no me has dejado siquiera un cabello,
   pero sí la expresa recomendación de quemar tus cartas,
   Juana, ¿no estarás en este momento como yo, soñando
   acaso entre cuatro paredes?
Dime, ¿tanto te divierte aún seducir a los muchachos
   tímidos con tu dulce mirada de hospital?
Yo siempre conservo esa mirada fija y alocada, que escruta
   un no sé qué de personal,
un no sé qué donde adherirme en esta infinita materia
   así llamada.

Sin embargo, me he abandonado a un nuevo "nosotros".
Tiene como tú los ojos de lámpara muy leve, más grandes,
    una voz más densa, más baja y una suerte bastante
    parecida a la tuya en sus comienzos y en su
    prosecución.
Tiene... ¡tenía, digo!
Porque mañana ya no tendré a mi amiga Banjo;
Banjo,
Banjo,
Bibolabanja, la banja aún,
Bibolabuena, más dulce todavía,
Banjo,
Banjo,
Banjo la solitaria, banjelita,
My Banjeby,
tan cariñosa, Banjo, tan dulce,
yo he perdido tu garganta menuda,
menuda,
y tu inefable proximidad.

Mintieron todas mis cartas, Banjo... y ahora parto.
Tengo un boleto en la mano: 17.084,
Compañía Real Holandesa.
Basta seguir este boleto para llegar al Ecuador.
Mañana, boleto y yo, nos embarcamos.
Partimos para Quito, esa ciudad con nombre de cuchillo.
Yo me retuerzo todo cuando pienso en ello.
Sin embargo alguien me objetará:
"Y bien, que ella parta también con usted."
Claro que sí, no se os pedía más que un pequeño milagro,
  · a vosotros, allí arriba, hato de holgazanes; dioses,
    arcángeles, elegidos, hadas, filósofos, y los

compañeros de genio que tanto he amado: Ruysbroeck
y tú, Lautréamont, que no te considerabas un nulo:
un ínfimo milagro es cuanto pedíamos, para Banjo y
para mí.

RENE CHAR
(FRANCIA)

CONSUELO

or las calles de la ciudad va mi amor. Poco importa a dónde vaya en este roto tiempo. Ya no es mi amor: el que quiera puede hablarle. Ya no se acuerda: ¿quién en verdad le amó?

Mi amor busca su semejanza en la promesa de las miradas. El espacio que recorre es mi fidelidad. Dibuja la esperanza y enseguida la desprecia. Prevalece sin tomar parte en ello.

Vivo en el fondo de él como un resto de felicidad. Sin saberlo él, mi soledad es su tesoro. En el gran meridiano donde se inscribe su vuelo, mi libertad lo vacía.

Por las calles de la ciudad va mi amor. Poco importa a dónde vaya en este roto tiempo. Ya no es mi amor: el que quiera puede hablarle. Ya no se acuerda: ¿quién en verdad le amó y le ilumina de lejos para que no caiga?

TE HA PREGUNTADO...

Te ha preguntado una muchacha: ¿Qué es
poesía?
Quisiste decirle: El hecho de que existes, sí,
de que existes
y que con temor y asombro
testimonios del milagro,
envidio dolorosamente la plenitud de tu belleza,
y que no puedo besarte ni dormir contigo
y que nada poseo, y que a quien no puede hacer regalos
no le queda más remedio que cantar...

Pero no se lo has dicho, te has callado
y ella no ha oído esta canción.

NADA QUEDA OCULTO

os amantes se besaron en un prado
Pensaron nadie nos ha visto
El verde prado los vio
Le contó al blanco rebaño
El rebaño le contó al pastor
El pastor le contó al viajero
El viajero le contó al barquero
El barquero le contó al bote de nogal
El bote le contó al agua fría
El agua le contó a la madre de la chica
La chica se puso furiosa

"Prado, ojalá que nunca más seas verde!
Blanco rebaño, ojalá que los lobos te coman!
Pastor, ojalá que los turcos te acuchillen!
Viajero, ojalá que las piernas se te pudran!
Barquero, ojalá que el agua te arrastre a la deriva!
Balsa-bote, arded! Agua, sécate!"

XVIII

ésame todavía, vuelve a besarme, bésame:
dame uno entre tus besos de los más
deliciosos,
dame uno entre tus besos de los más amorosos:
te pagaré con cuatro más ardientes que brasa.

¿Te quejas, ay, te quejas? Que ese mal yo apacigüe
dándote otra decena de almibarados besos.
Mezclando así felices besos tuyos y míos,
con gratísima holgura, mutuamente gocémonos.

A cada quien por ello seguirá doble vida.
Vivirá cada quien en sí mismo y su amigo.
Permíteme, Amor mío, pensar cualquier locura:

Siempre me encuentro mal, viviendo recogida,
y es imposible darme ningún contentamiento
si fuera de mí misma no intento una salida.

A UNA SEÑORA

os mayor en hermosura,
yo el mayor enamorado;
vos mayor en el estado,
yo mayor en la tristura;
vos sin pena y sin dolor,
yo corrido de fortuna,
que por vuestro gran valor
como en todo sois mayor,
distes más bravo dolor
a mi vida que ninguna.

OJOS CLAROS, SERENOS...

jos claros, serenos,
si de un dulce mirar sois alabados,
¿por qué, si me miráis, miráis airados?
Si cuando más piadosos
más bellos parecéis a aquel que os mira,
no me miréis con ira,
por que no parezcáis menos hermosos.
¡Ay tormentos rabiosos!
Ojos claros, serenos,
ya que así me miráis, miradme al menos.

¿AY CORAZON DOLIENTE, SER INSENSATO!...

y corazón doliente, ser insensato!,
¿por qué matas el cuerpo en el que habitas?,
¿por qué amas a una dama que no te tiene en
nada?
Corazón, por tu culpa vivirás una vida apenada.
Corazón que quisiste ser preso y tomado
por dama que te tiene por demás olvidado,
te pusiste en prisión, suspiros e inquietudes,
penarás, ¡ay corazón!, tan olvidado y penado.
¡Ay ojos, mis ojos!, ¿por qué os fuisteis a poner
en dama que no os quiere mirar ni ver?
Ojos, por vuestra vista os quisisteis perder;
¡penaréis, mis ojos, penar y agonizar!
¡Ay lengua sin ventura!, ¿por qué quereis decir?,
¿por qué quereis hablar?, ¿por qué quereis conversar
con dama que no te quiere escuchar ni oír?
¡Ay cuerpo tan penado, cómo te vas a morir!
Mujeres alevosas, de corazón traidor,
que no tenéis miedo, mesura ni pavor
de cambiar como queréis vuestro falso amor,
ahí os veáis muertas de rabia y de dolor.
Una vez que mi señora con otro esté casada,

la vida de este mundo no me importa nada,
mi vida y mi muerte así está señalada;
como no puedo conseguirla, ha llegado mi muerte.

EL QUE TIENE MUJER MOZA Y HERMOSA...

l que tiene mujer moza y hermosa
¿qué busca en casa y con mujer ajena?
¿La suya es menos blanca y más morena,
o floja, fría, flaca? —No hay tal cosa.

—¿Es desgraciada? —No, sino amorosa.
—¿Es mala? —No por cierto, sino buena.
Es una Venus, es una sirena,
un blanco lirio, una púrpura rosa.

—Pues ¿qué busca? ¿A dó va? ¿De dónde viene?
¿Mejor que la que tiene piensa hallarla?
Ha de ser su buscar en infinito.

—No busca esta mujer, que ya la tiene.
Busca el trabajo dulce de buscalla,
que es lo que enciende al hombre el apetito.

LUIS DE GONGORA
(ESPAÑA)

LA MAS BELLA NIÑA...

a más bella niña
de nuestro lugar,
hoy viuda y sola
y ayer por casar,
viendo que sus ojos
a la guerra van,
a su madre dice
que escucha su mal:

Dejadme llorar,
orillas del mar.

Pues me diste, madre,
en tan tierna edad
tan corto el placer,
tan largo el pesar,
y me cautivastes
de quien hoy se va
y lleva las llaves
de mi libertad.

Dejadme llorar,
orillas del mar.

232

En llorar conviertan
mis ojos, de hoy más,
el sabroso oficio
del dulce mirar,
pues que no se pueden
mejor ocupar,
yéndose a la guerra
quien era mi paz.

      Dejadme llorar,
      orillas del mar.

No me pongais freno
ni queráis culpar;
que lo uno es justo,
lo otro por demás.
Si me queréis bien
no me hagáis mal;
harto peor fuera
morir y callar.

      Dejadme llorar,
      orillas del mar.

Dulce madre mía,
¿quién no llorará
aunque tenga el pecho
como un pedernal,
y no dará voces
viendo marchitar
los más verdes años
de mi mocedad?

Dejadme llorar,
orillas del mar.

Váyanse las noches,
pues ido se han
los ojos que hacían
los míos velar;
váyanse, y no vean
tanta soledad,
después que en mi lecho
sobra la mitad.

Dejadme llorar,
orillas del mar.

EL VINO DE AMOR

 i pobre corazón de angustia herido
Y de locura, no podrá curarse
De esta embriaguez de amor, ni libertarse
De la prisión donde quedó sumido.

Pienso que el día de la creación
En que el vino de amor fue al hombre dado,
El que llenó mi copa fue esenciado
Con sangre de mi propio corazón.